# କବିଟିଏ ମରିଗଲା ପରେ

# କବିଟିଏ ମରିଗଲା ପରେ

## ନିଖିଳେଶ ମିଶ୍ର

BLACK EAGLE BOOKS
2021

BLACK EAGLE BOOKS

USA address:
7464 Wisdom Lane
Dublin, OH 43016

India address:
E/312, Trident Galaxy, Kalinga Nagar,
Bhubaneswar-751003, Odisha, India

E-mail: info@blackeaglebooks.org
Website: www.blackeaglebooks.org

First International Edition Published by
BLACK EAGLE BOOKS, 2021

**KABITIE MARIGALA PARE**
by **Nikhilesh Mishra**

Copyright © **Nikhilesh Mishra**

All rights reserved. No part of this publication may be reproduced, stored in a retrieval system, or transmitted, in any form or by any means, electronic, mechanical, photocopying, recording or otherwise without the prior permission of the publisher.

Cover & Inner Art: **Nitesh Mishra**
Title Calligraphy: **Santosh Kumar Jena**
Poet's Photograph: **Anwesh Mishra**

Interior Design: Ezy's Publication

ISBN- 978-1-64560-174-6 (Paperback)

Printed in the United States of America

ଏ ବହିଟି,
ଯାହା ଯାହା ହେଇପାରିଥାନ୍ତା
ସେଇ ସବୁ ଅସରନ୍ତି ସମ୍ଭାବନାମାନଙ୍କୁ,
ଯାହା ଯାହା ହେଇପାରିଲାନି
ସେଇ ସବୁ ଅନୁପସ୍ଥିତ ବାସ୍ତବତାମାନଙ୍କୁ ବି...

ଏଇ ପ୍ରତିଶ୍ରୁତି ସହ ଯେ
ସ୍ୱପ୍ନ ଦେଖିବା ମୁଁ କଦାପି ବନ୍ଦ କରିବି ନାହିଁ।

# ମୁଁ କୃତଜ୍ଞ ଯେଉଁମାନଙ୍କ ପାଖରେ...

ଏ କବିତାସବୁକୁ ପତ୍ର-ପତ୍ରିକାରେ, ଖବରକାଗଜର ସାହିତ୍ୟ ପୃଷ୍ଠାରେ ସ୍ଥାନ ଦେଇଥିବା ସମ୍ପାଦକମାନେ;

ସଂକଳନଟିର ପ୍ରକାଶନ ଦାୟିତ୍ୱ ସହୃଦୟତାର ସହ ବହନ କରିଥିବା ବ୍ଲାକ୍ ଇଗଲ୍ ବୁକ୍ସ;

ମୋ କବିତାକୁ ପଢ଼ି କେତେ ଭଲ/ଖରାପ ଲାଗିଲା ରୋକ୍‌ଠୋକ୍ ଜଣାଉଥିବା ପାଠକମାନେ;

କବିତା ଲେଖୁଥିବା/ପଢୁଥିବା/ଜିଉଁଥିବା ସବୁ ମଣିଷମାନେ;

ଦେବଦାସ ଛୋଟରାୟ, ଯାହାଙ୍କ ପାଖରେ କାହିଁକି କୃତଜ୍ଞ ଲେଖିଲେ ଆଉ ଗୋଟେ ବହି ହବ;

ଶକ୍ତି ମହାନ୍ତି, ଖାଲି ଉପକ୍ରମଣିକା ପାଇଁ ନୁହେଁ, ନିରବଛିନ୍ନ ସ୍ନେହ ଆଉ ସଦିଚ୍ଛା ପାଇଁ ବି;

ନିତେଶ ମିଶ୍ର, ପ୍ରଚ୍ଛଦରେ ଏବଂ ଭିତରେ ଥିବା ଚିତ୍ର ସବୁ ପାଇଁ;

ଅନ୍ୱେଷ ମିଶ୍ର, ଏ ସଂକଳନରେ ସ୍ଥାନିତ ମୋ' ଫଟୋଟି ପାଇଁ;

ସନ୍ତୋଷ କୁମାର ଜେନା, ଶୀର୍ଷକଟିର ସୁନ୍ଦର କାଲିଗ୍ରାଫି ପାଇଁ;

ବିପଦରେ, ବିଷାଦରେ (ଆଉ ଖୁସିର ମୁହୂର୍ତ୍ତମାନଙ୍କରେ ବି) ମୋ' ସହ ଥିବା ମୋ' ସାଙ୍ଗମାନେ,

ଯେମିତି କି ଅମ୍ଳାନ, ସିକ୍ତା, ଓମ୍, ଆସିଫ୍ ଆଉ ଅଂଶୁଲ୍;

ଏବଂ ମତେ ଅତି ସୁନ୍ଦର ଭାବରେ ସହିପାରିଥିବାରୁ ନନା, ବୋଉ ଆଉ ତପୁନ୍।

ଜଗତସିଂହପୁର

୬/୩/୨୦୨୧

ଉପକ୍ରମଣିକା

## କବିର ମରିବା-ଜିଇଁବା ଓ
## ପାର୍ଥିବ-ଅପାର୍ଥିବର ଚିତ୍ରନାଟ୍ୟ

କବିତା ଲେଖା ହେଲେ ପ୍ରଳୟ ଆସିବ ନାହିଁ, ଅତ୍ୟାଚାର ଲୋପ ପାଇଯିବ, ଭଲ ଫସଲ ହେବ, ଯୁଦ୍ଧଖୋର ଲୋକେ ଫୁଲଗଛ ଲଗେଇବେ, ପ୍ରଜାପତି ଉଡ଼ିଆସି ବାୟୋନେଟ୍‌ରେ ବସିବ, ବୟସ୍କମାନେ ସ୍ୱପ୍ନରେ ହସିବେ, ଏମିତି ଅନେକ କିଛି ଅଲୌକିକତା ଘଟି ନପାରେ। କିନ୍ତୁ ଏଇଟା ଥୟ ଯେ, କବିତା ଆମକୁ ନୂଆ ଚଷମା ଉପହାର ଦବ, ପ୍ରତିବାଦ ଦବ, ଶାଣିତ ସ୍ୱର ଦବ, ମୁଣ୍ଡଟେକି ଛିଡ଼ା କରେଇବ, କୌଣସି ଘଟଣା ବା ଦୁର୍ଘଟଣାକୁ ଦେଖିବା ପାଇଁ ଦାମୀ କ୍ୟାମେରା ଦେବା ବଦଳରେ କ୍ୟାମେରା ଥୋଇବାର ପ୍ରକୃଷ୍ଟ ଜାଗାଟିକୁ ଚିହ୍ନେଇ ଦବ। ଏସବୁ କବିତାର ପ୍ରତିବଦ୍ଧତା। ଆମେ ଯେଉଁ ଟିକା ନେଇଛୁ ଯେ ଅନ୍ୟର ଦୁଃଖ ପ୍ରତି ବଧିରା ହେଇଯିବା, ତା' ବିରୁଦ୍ଧରେ କବିତା ଆଣ୍ଟି-ଭାକ୍ସିନ୍ ଭଳି କାମ ଦେବ। ସମ୍ବେଦନଶୀଳତା ଆଣିଦେବ କବିତା, ଅନ୍ୟର ଦୁଃଖ ପ୍ରତି ଆମକୁ ଉନ୍ମୁକ୍ତ ରଖିବ, ଚେତେଇ ଦବ: ତୁ ବଞ୍ଚିଛୁ, ଅସରନ୍ତି ଭଲପାଇବା ଥାକଥାକ ବାକି ଅଛି ତୋ ଭିତରେ।

ଆଉ କ'ଣ କରିପାରେ କବିତା!

ଆମେ ଦେଖୁଥିବା ଦୃଶ୍ୟର ରୂପରେଖ ବଦଳେଇ ଦେଇପାରେ, ସୌନ୍ଦର୍ଯ୍ୟବୋଧ ଅବା ନାନ୍ଦନିକତା ଆଣି ଦେଇପାରେ। କବିତା

ପଢୁଥିବା, ବୁଝୁଥିବା ଅବା ଲେଖୁଥିବା ଲୋକକୁ ରୁଟି ଦିଶିବା ସାଙ୍ଗେ, ବେଲୁଥିବା ହାତର ଚୁଡ଼ିର ରୁଣୁଝୁଣୁ ଶୁଭିଯାଇପାରେ। ଚୁଡ଼ିର ସେ ରୁଣୁଝୁଣୁ ଆମକୁ ଅସ୍ଥିର କରିପାରେ, ନକରି ବି ପାରେ; ଚୁଡ଼ିର ସେ ରୁଣୁଝୁଣୁ ଆମ ରକ୍ତରେ, ଧମନୀରେ, ସୁଷୁମ୍ନାରେ ମିଶିଯାଇପାରେ।

ଏମିତି ଅପର୍ଯ୍ୟାପ୍ତ ବିଚିତ୍ର ଅନୁଭବ ଆଣିଦେଇପାରେ କବିତା; ପାର୍ଥିବ ହାତରେ ଅପାର୍ଥିବ କିଛି ଛୁଇଁ ଦେବାର ମହାର୍ଘ ଅନୁଭବ। ଏହା ଏମିତି ଏକ ଅଦୃଷ୍ଟ ସହିତ ପରିଚିତ କରାଏ, ଯାହାକୁ ଆମେ ଅଣଦେଖା କରିଛୁ, ଯା'ପ୍ରତି ଆଖି ବୁଜି ଦେଇଛୁ। କୁହାଯାଏ, ଆଖି ଖୋଲି ଆମେ ଦେଖୁ, ଆଖିବୁଜି ଦର୍ଶନ କରୁ। ଏସବୁର ଅନେକ ଭଗ୍ନାଂଶ ନେଇ କବିତା ଆସିପାରେ। ତା' ଭିତରୁ କିଛି ଲେଖା ହେଇପାରେ, ଆଉ କିଛି କୁଆପଥର ପରି ମିଳେଇ ଯାଏ ପାପୁଲିରେ।

ଆମ ସ୍ୱପ୍ନକୁ ଭାଷା ଦିଏ କବିତା। ସେସବୁ ସ୍ୱପ୍ନକୁ ନୁହେଁ, ଯାହା ଆମେ ଦେଖିସାରିଛୁ। ବରଂ ଯେଉଁ ସ୍ୱପ୍ନ ଦେଖିନାହୁଁ, ଯେଉଁ ସ୍ୱପ୍ନ ଆମେ କେବେ ଦିନେ ଦେଖିବୁ ବୋଲି ସାଇତି ରଖିଛୁ। କବିତା ପୁଣି ଭାଷା ଦିଏ ଆମ ନିରବତାକୁ, ନିଜ ସହ ଆମ ନିଜର ଆଳାପକୁ।

ପ୍ରଶ୍ନ ଆସେ, ଏ ସୃଷ୍ଟି କାହିଁକି ଏପରି? କବି ପ୍ରଶ୍ନ କରେ, ଏ ସୃଷ୍ଟି କାହିଁକି ଏପରି ନୁହେଁ! ଦ୍ୱିତୀୟ ପ୍ରଶ୍ନ ହିଁ ଅନ୍ତଃହୀନ ଜିଜ୍ଞାସା ନେଇ ଆସେ। ଏମିତିକି ମୃତ୍ୟୁକୁ ଅବାଂଛିତ ଘୋଷଣା କରିପାରେ କବି। କହିଦେଇପାରେ, ଜୀବନର ଶେଷକଥା ବିଷୟରେ ପ୍ରଥମ କଥା ହେଉଛି; ଜୀବନରେ ଶେଷକଥା ବୋଲି କିଛି ନାହିଁ।

ଗଣତନ୍ତ୍ର ଯେବେ ଆମର ପ୍ରଶ୍ନ କରିବାର ସ୍ୱାଧୀନତା ଛଡ଼େଇ ନେଇଛି, ଆମକୁ ନାଲିଆଖି ଦେଖେଇଛି, ଶାସନ କରିବା ଆରମ୍ଭ କରିଛି, ସେତେବେଳେ କବିତା ଆମକୁ ପ୍ରଶ୍ନ କରିବାର ଅଧିକାର ଦେଇଛି। ନିଜ ଭିତରେ ମଣିଷ ଯେବେ ରୁନ୍ଧି ହେଇଯାଇଛି, କବିତା ପ୍ରଶ୍ୱାସ ଦେଇଛି ତାକୁ। ଦୁଃଖ-ଦୁର୍ଦ୍ଦଶାରେ ଧନୁ ହେଇଯାଉଥିବା ମେରୁଦଣ୍ଡ ଧରି ମଣିଷ ନିଜେ ହିଁ ସମୟ ଆଗରେ ପ୍ରଶ୍ନଚିହ୍ନ ପରି ଛିଡ଼ା ହୋଇଛି। ମେରୁଦଣ୍ଡ ସଳଖିବାକୁ ଦମ୍ଭ ଦେଇଛି କବିତା। ପ୍ରଶ୍ନ କରିବାକୁ ବାକ୍ ଦେଇଛି, ଜୀବନର ସମ୍ପ୍ରସାରଣ ହେଇ ଉଭା ହୋଇଛି, ନିର୍ଭୀକ କରିଛି, ଦୁଇହାତ ଟେକି ଦେବାରୁ ରକ୍ଷା କରିଛି। କବିତା ଘୋଷଣା କରିଛି, ତୋ ଶରୀରରେ ମୁଣ୍ଡ ହିଁ ସବୁଠାରୁ ଉଚ୍ଚରେ, କାହା ଆଗେ ତୋ ଇଚ୍ଛା ବିରୁଦ୍ଧରେ ମୁଣ୍ଡ ତୋର

ନଇଁଯିବ ନାହିଁ। ଜୀବନର ସୂକ୍ଷ୍ମତା ସହ ମଣିଷକୁ ଯୋଡ଼ି ଧରିଛି କବିତା, ଯେମିତି ଫୁଲକୁ କାମୁଡ଼ି ଧରିଥାଏ ଡେମ୍ଫ।

ପ୍ଲୁଟୋକୁ ଗ୍ରହମାନଙ୍କ ତାଲିକାରୁ ବାଦ୍ ଦେଲା ପରି, ଯେବେ ସାଧାରଣ ମଣିଷକୁ ବାଦ୍ ଦେଇ ଇତିହାସ ଲେଖା ହୋଇଛି, ସେତେବେଳେ ସାଧାରଣ ଲୋକର ସ୍ୱର ହୋଇ ଶୁଭିଛି କବିତା; ତା'ର କୋହ ଆଉ କାରିଗରିକୁ ସ୍ୱୀକାର କରିଛି। କେବେ କୌଣସି ଡିସ୍‌କ୍ଲେମର୍ ଦେଇ କବିତା ଲେଖାଯାଇନାହିଁ। ଲେଖାଯିବ ନାହିଁ ବି।

ରାସ୍ତାରେ ଆମେ ଦେଖିଛୁ, କୃଷ୍ଣଚୂଡ଼ା ଗଛ ଭର୍ତ୍ତି ହେଇଗଲାଣି ଫୁଲରେ, ପ୍ରେମିକଟେ ତା' ମଣିବନ୍ଧ କାଟି ଜୁଡୁବୁଡୁ ହେଇ ପଡ଼ି ରହିଲା ପରି, ପଳାଶ ଫୁଲ ଭର୍ତ୍ତି ହେଇଗଲାଣି ରାସ୍ତାକଡ଼େ। ଗହଣାରେ ସଜହେଇ ସୁନାରୀ ଫୁଲ ଲିଫ୍‌ଟ୍ ମାଗୁଛି, ମତେ ଟିକେ ତୋ ସାଙ୍ଗରେ ନେଇଯା' ଆଗ ଯାଏ ! ଏସବୁ ପ୍ରତି ଉଦାସ ଓ ବିମୁଖ ରହିବା, ଆମ ଜୀବନରୁ ଆଶ୍ଚର୍ଯ୍ୟ, ରହସ୍ୟ ଓ ବିସ୍ମୟ କମିଯିବା ପରି ଲାଗେ। ଲାଗେ, ଆମେ ଖୁବ୍ ବେଶୀ ଚାଲାକ୍ ହେଇଯାଇଚୁ। ହେଲେ ଆମ ବୋକାପଣ ଆମକୁ ଫେରେଇ ଦବା ଲାଗି ପ୍ରତିଶ୍ରୁତିବଦ୍ଧ କବିତା।

କବିତା ନିଷ୍ଠୁର ବି ହୁଏ ଆମ ପ୍ରତି। ଯେତେବେଳେ ଆମେ କମିସନ୍ ଖାଉ, ପୁରସ୍କାର ପାଇଁ ଲବି କରୁ, ଫଲସ୍ ବିଲ୍ ଦସ୍ତଖତ କରୁ... କବିତା ଆମ ବିପକ୍ଷରେ ଛିଡ଼ାହୁଏ। ନିରବରେ କହେ, କବିତା ଲେଖ୍ କି ନଲେଖ୍, ତୁ କବି ହେଇ ବଞ୍ଚ।

କାତି ପରି ସ୍ଥିର ଏବଂ ନିଷ୍ପ୍ରଭ ଏତକ ଗଦ୍ୟ। କାତି ଛଡ଼େଇଥିବା ସାପ ପରି ଉଜ୍ଜ୍ୱଳ, ଗତିଶୀଳ ଏବଂ ଆୟୁଷ୍ମାନ ନିଖିଳେଶର କବିତା। ତାର ଏଇ ଦ୍ୱିତୀୟ କବିତା ସଂକଳନ, 'କବିଟିଏ ମରିଗଲା ପରେ'ରେ ତା'ର ଉତ୍ତରଣ ସ୍ପଷ୍ଟ ଦିଶୁଚି। ତା' ସ୍ୱରରେ ଆସିଛି ଅଧିକ ମୌଳିକତା ଏବଂ ସ୍ପର୍ଦ୍ଧା। ଜୀବନକୁ ଦେଖିବାର ନୂଆନୂଆ ଝର୍କା ସେ ଖୋଲି ଧରିଛି। ସରକାରୀ କାମ ପାଇଁ ହୁଏତ ଲେଖା ହିଁ ବିଶ୍ୱାସଯୋଗ୍ୟ, ହେଲେ ଜୀବନରେ କଥା ହିଁ ଭରସା ଓ ଅଧିକ ସତ, ଏକଥା ସେ ବୁଝିପାରିଛି।

ସମୟର ବେଲ୍‌ଟ୍ ଲଗେଇ କଲମ ଧାର କରିଛି, ସ୍ୟାହିରେ ମିଶେଇଛି କୋହ, ପ୍ରତିବାଦ, ବିଷାଦ ଏବଂ ସ୍ୱାଧୀନତା। ପୃଷ୍ଠାରେ ଜାଗାଜାଗା ଲେଖିଛି, କାଟିଛି, ଗାରେଇଛି, ପ୍ରେମିକାର ନାଁ ଲେଖି ବାରମ୍ବାର ମଡ଼େଇଛି। କିଛି ଲେସିଦେଇଛି ଆଉ କିଛି ଏ ବହିରେ ଉତାରିଛି; ମରିବା-ଜିଇଁବା ଭିତରେ ତଫାତ ଖୋଜି କହିଛି: ଜିଇଁବା ମରିବା ଏକା କଥା। ଜିଇଁ ଜିଇଁ ମରିବା ଓ ମରି ମରି ଜିଇଁବାକୁ କେବେ ପୁଣି ଅଲଗା

କରିଛି। ଅତ୍ୟଧିକ ଆଲୁଅରେ ଜଳକା କରିଦେଇନି କି ଅନ୍ଧାରରେ ଅନ୍ଧ କରିଦେଇନି ତା' ପାଠକକୁ। ନିଖିଳେଶର କବିତାରେ ଭୋର୍ ଅଛି, ସନ୍ଧ୍ୟାରାଗ ଅଛି।

ନିଖିଳେଶ ତା' ଅର୍ଦ୍ଧ-ନିମିଳିତ ଆଖିରେ ଫଟୋ ଉଠେଇ ଚାଲିଛି ତା' ସ୍ୱପ୍ନର, ମୁହୂର୍ତ୍ତମାନଙ୍କର, ସମୟ ସହ ସମାନ୍ତର ବାସ୍ତବତାର ଓ ଅସମାନ୍ତରିକ କଳ୍ପନାର। ହେଲେ ସେ ଫିଲ୍ମ ସବୁ ଧୋଇ ସେ ପଜିଟିଭ୍ କରେନା। ସେଇ ନେଗେଟିଭ୍‌ର ଲମ୍ବା ଲମ୍ବା ମାଳ ଆଉ ପୂରା ରୋଲ୍ ସେ ଭେଟି ଦେଇଛି କବିତାରେ। ସେ ନେଗେଟିଭ୍ ସବୁ ଦେଖିବା ପାଇଁ କେତେ ଆଲୁଅ ଦରକାର, ସାଇତିବା ପାଇଁ କେଉଁ ଆଲ୍‌ବମ୍ ଦରକାର, ନିରେଖିବା ପାଇଁ କେଉଁ ଚଷମା ଦରକାର ସେସବୁ ଆମର ଦାୟିତ୍ୱ। ତା' କବିତାରେ ଆମେ ନିଜକୁ ପାଇଲୁ ନା ନାହିଁ, ଗୋଟେ କାଳଖଣ୍ଡକୁ ଭେଟିଲୁ କି ନାହିଁ, ଫ୍ରେମ୍‌ରେ ନୂଆପଣ ଅଛି କି ନାହିଁ, ଏସବୁ ଆମର ଆଗ୍ରହ।

**- ଶକ୍ତି ମହାନ୍ତି**

(ନିଖିଳେଶ ମିଶ୍ରଙ୍କ ପ୍ରଥମ କବିତା ସଂକଳନ, 'କେହି ଜଣେ କେଜାଣି କୋଉଠି'ର ଉନ୍ମୋଚନ ଅବସରରେ ତପସ୍ୟା ଫାଉଣ୍ଡେସନ ଦ୍ୱାରା ଆୟୋଜିତ ଉତ୍ସବରେ ପ୍ରଦତ୍ତ ଅଭିଭାଷଣର ପରିବର୍ଦ୍ଧିତ ରୂପ।)

## ସୂଚିପତ୍ର

| | |
|---|---|
| ସର୍ବେ ଭବନ୍ତୁ... | ୧୭ |
| ଟି. ସୁଦାମ ଏଲିଅଟ୍ | ୧୯ |
| ସନ୍ଧି | ୨୨ |
| ଲଣ୍ଡନ ଖାଲି ଫ୍ଲାଶ୍‌ବ୍ୟାକ୍ ନୁହଁ | ୨୪ |
| କବିତା ହେଲାନି ଯାହା | ୨୭ |
| ଇନ୍‌ସୋମ୍‌ନିଆ | ୩୦ |
| ସବୁ କଥା | ୩୨ |
| ଅନୁପ୍ରବେଶ ଅଥବା 'ଅଧା ରହିଯାଇଥିବା ପ୍ରେମ କବିତାଟିଏ' | ୩୪ |
| କାହାଣୀ ଲେଖାହବା ପୂର୍ବର ଦୃଶ୍ୟ | ୩୭ |
| କେବଳ ଆପଣ ଜାଣିଥିବା ଜିନିଷଟି | ୪୧ |
| ସେଇ ଝିଅଟି ପାଇଁ | ୪୪ |
| ଅନୁପସ୍ଥିତି ପରି କିଛି | ୪୬ |
| ଋଷିକେଶ | ୪୮ |
| ଆଲୁଅରେ | ୫୦ |
| ସହଯାତ୍ରୀ | ୫୧ |
| କବିଟିଏ ମରିଗଲା ପରେ (୧) | ୫୪ |
| ବ୍ରେକିଂ ନ୍ୟୁଜ୍ | ୫୬ |
| କେବେ ଦିନେ ଦେଖାହବ ବୋଲି | ୫୮ |
| ଗୋଟେ ସରିନଥିବା କାହାଣୀ | ୬୨ |
| ଆଇନାରେ ନିଜ ମୁହଁ | ୬୫ |
| ଦୁନିଆ | ୬୭ |
| ଅବଧାରିତ | ୬୮ |
| ଅବଶ୍ୟ ଏକଥା ଅଲଗା | ୭୧ |

| | |
|---|---|
| ଆସିନଥିବା ଗୋଟେ ଚିଠିର କିୟଦଂଶ | ୭୩ |
| ଅନୁପସ୍ଥିତିର ବ୍ୟାକରଣ | ୭୬ |
| ଭଲଦିନ | ୭୮ |
| ଏକ ନିଃସଙ୍ଗ ମୋଜା ବିଷୟରେ | ୮୧ |
| କେହି ଜଣେ କେଜାଣି କୋଉଠି | ୮୩ |
| ଅଯୋଗ୍ୟ | ୮୪ |
| ସନ୍ଧ୍ୟା: ତିନୋଟି ଯୋଡ଼ି ହଉନଥିବା ଭଗ୍ନାଂଶ | ୮୭ |
| କେତେ ମୁଁ ଖୋଜିଲି | ୯୧ |
| ଏ କବିତା ନିଶ୍ଶଳେଶ ଲେଖ୍ନି | ୯୪ |
| ହେଲା | ୯୬ |
| ଯିବା ଚାଲ | ୯୭ |
| କବିଟିଏ ମରିଗଲା ପରେ (୨) | ୧୦୦ |

*"ହୁଇ ମୁଦ୍ଦତ୍ କୀ 'ଗାଲିବ୍' ମର୍ ଗୟା ପର୍ ୟାଦ୍ ଆତା ହେ,*
*ୱ' ହର୍ ଇକ୍ ବାତ୍ ପର୍ କହନା କୀ ୟୁଁ ହୋତା ତୋ କ୍ୟା ହୋତା"*

- ମିର୍ଜା ଗାଲିବ୍

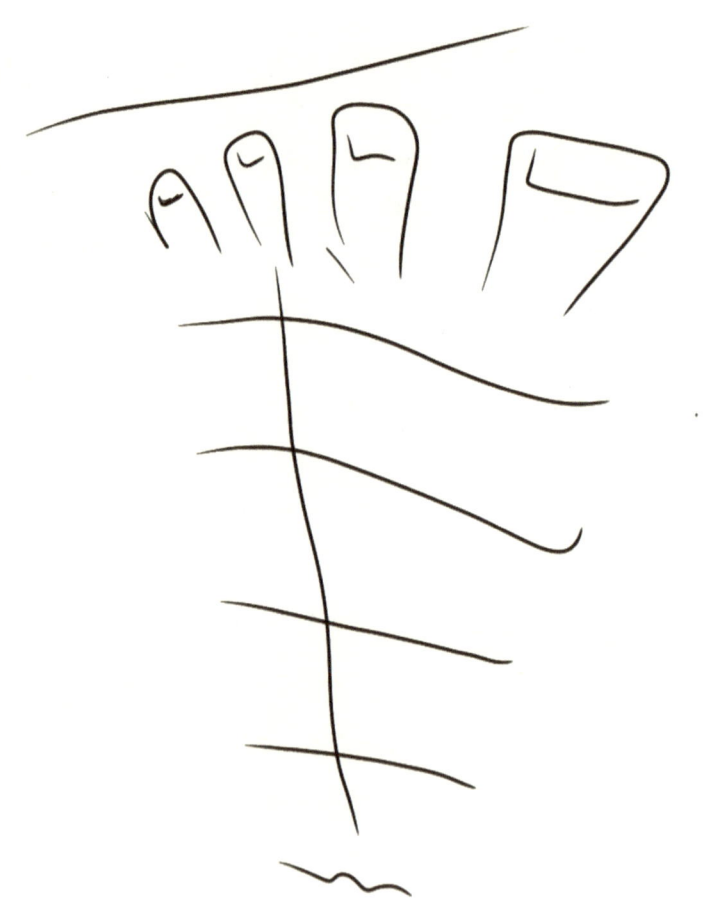

# ସର୍ବେ ଭବନ୍ତୁ...

ଧରାଯାଉ ତା' ନାଁ ଅବ୍‌ଦୁଲ୍।

ଏକାଏକା ନିଜର କଦମ୍ ଗଣି
ବାଟ ଚାଲିବାର କଳା
ବେଶ୍ ଶିଖେଇ ଦିଏ ଜୀବନ।
ସିରିଆରୁ ଜୋର୍ଡାନ୍ କେତେ ବାଟ, କିଓ ?
ଜୀବନ କହିଦିଏ ଚିତ୍କାର କରି,
ବେଳ ଥାଉ ଥାଉ ପଳେଇ ଯା' ଏଠୁ,
କୌଣସି ବି ମୁହୂର୍ତ୍ତରେ ରାଗିଯାଇପାରନ୍ତି
ମହାମାନ୍ୟ ଅଥବା ତାଙ୍କର ନାଏବମାନେ,
ଜୀବନ ବେଶ୍ ଶିଖେଇ ଦିଏ
ଜୀବନ ବଞ୍ଚେଇ ରଖିବାର କଳା।

ଜୀବନ ବତେଇ ଦିଏ
ଯେ ଈଶ୍ୱର ବର୍ତ୍ତମାନ ଛୁଟିରେ ଅଛନ୍ତି,
ତାଲା ପଡ଼ିଚି ତାଙ୍କ ପୋଷ୍ଟ୍ ଅଫିସ୍‌ରେ,
ଆତ୍ମହତ୍ୟା କରିଦେଇଚି ପୋଷ୍ଟ୍‌ମ୍ୟାନ୍ ତାଙ୍କର,
ଝିଅର ବଳାତ୍କାର ରିପୋର୍ଟ୍ ଲେଖେଇ ସାରି।

ହେଇ ଦେଖ ଅବ୍‌ଦୁଲ୍ ତା' ବ୍ୟାଗ୍‌ରେ ଧରିଚି କ'ଣ ସବୁ,
କହୁଚି ମୋ ମା' ଅଛି ଏଥିରେ,
ଆଉ ମୋ' ଦିଦି ବି,

ନା' ମ, ବୋମା ଫୋମା ନାଇଁ କିଛି,
ଗାଢ଼ ଲାଲ୍ ଚୁନ୍‌ରୀ ଗୋଟେ
ଆଉ କଳା ରଙ୍ଗର ବୁର୍ଖା।
ସିରିଆ ମ'... ସେଠୁ ଜୋର୍ଡାନ୍ କେତେବାଟ ହବ ?
ଆଚ୍ଛା ବାବା ଅବ୍‌ଦୁଲ୍, ଏଗୁଡ଼ା ଏମିତି
ଧୂସରିଆ ଦିଶୁଚି କାଇଁକି ?
ପାଉଁଶ ବୋଲି ଦେଇଚୁ କିରେ ଏଥେରେ, ହେଁ ହେଁ!

ସିରିଆରୁ ଜୋର୍ଡାନ୍ କେତେବାଟ, ଜାଣିଚ ?
ଜାଣିନ ?
ଏଣେ ତେଣେ ଦେଖନି, ତମେ,
ହଁ, ତମେ,
ତମେ ଯିଏ ଏ କବିତା ପଢୁଚ, ତମକୁ ପଚାରୁଚି।
ଜାଣିନ କେମିତି,
କାଲି ଯଦି ଚାରିବର୍ଷର ପୁଅ ତମର ପଚାରିବ,
କ'ଣ କହି ଭୁଲେଇବ ତାକୁ ?

ସିରିଆରୁ ଜୋର୍ଡାନ୍ କେତେବାଟ, କିରେ ଅବ୍‌ଦୁଲ୍ ?
ତିନି ହଜାର ସତେଇଶି କଦମ୍, ଅବ୍‌ଦୁଲ୍ କହିଥାନ୍ତା
ଯଦି ସିଏ ଗଣି ଶିଖିଥାନ୍ତା ସେତେ ଯାଏଁ।
ତାକୁ କିନ୍ତୁ ଜମାରୁ ଦଶ ଯାଏଁ ଗଣିଆସେ।

ଅବ୍‌ଦୁଲ୍ ବୋଲି ଡାକିଲେ ବି କୋଉ ସେ ଶୁଣୁଚି!
ଧରାଯାଉ ତା' ନାଁ ଅବ୍‌ଦୁଲ୍ ନୁହଁ।
ଆଚ୍ଛା, ତମ ପୁଅ ନାଁ କ'ଣ ତ...

(ପ୍ରାୟ ଛ'ବର୍ଷ ତଳେ ଜାତିସଂଘର ମାନବାଧିକାର କାର୍ଯ୍ୟକର୍ତ୍ତାମାନେ ଜୋର୍ଡାନ୍ ସୀମାନ୍ତ ମରୁଭୂମିରେ ଜଣେ ଚାରିବର୍ଷର ପିଲାକୁ ଏକା ଏକା ସିରିଆରୁ ଚାଲି ଚାଲି ଆସୁଥିବାର ଦେଖିଥିଲେ। ସିରିଆ ହିଂସାରେ ଅନେକ ପିଲା ତାଙ୍କର ସମ୍ପୂର୍ଣ୍ଣ ପରିବାର ହରାଇଛନ୍ତି, ଅନେକେ ରିଫ୍ୟୁଜି ପାଲଟିଛନ୍ତି।)

# ଟି. ସୁଦାମ ଏଲିଅଟ୍

(୧)

ପଦକୁ ପଦ ଯୋଡ଼ି
ଗୋଟେ କବିତା ଲେଖିଥିଲା ସିଏ।
ହେଇ ଚାରି ଧାଡ଼ି ଜମା !
ଗୋଟାଏ ହସରେ ଉଡ଼େଇ ଦେଲି ସେଦିନ
କାଗଜ ଆଉ କଞ୍ଚା କବିପଣିଆତକ ତା'ର,
ଶଃ କଳା ବୋଲି ତ ପୁଣି ଗୋଟେ ଜିନିଷ ଅଛି !

'ଯା' ନାଇଁ ତା' ଲେଖିବୁ କି ଆଉ,
କିରେ ସୁଦାମ ?'
ସୁଦାମ କାନ୍ଦକାନ୍ଦ ସେତେବେଳକୁ,
'ହୁଏନି, ହୁଏନିରେ ବାପ କବିତା ସେମିତି,
ଏଲିଅଟ୍ ପଢ଼ିଚୁ ?
ହାଁ କରି ଅନେଇଚୁ କ'ଣ ବେ,
ଏଲିଅଟ୍ ! ଏଲିଅଟ୍ !'

ସୁଦାମ କୋଉଠୁ ଆଉ ପଢ଼ିବ ଏଲିଅଟ୍,
ସକାଳୁ ବୁଲିବ ସିଙ୍ଗଡ଼ା ଧରି
ହଷ୍ଟେଲରୁ ହଷ୍ଟେଲ୍, ହେଇ ଏଡ଼ିକି ଏଡ଼ିକି ଚାରିଟାକୁ

ଦଶ ଟଙ୍କା,
ପାଟିରେ ପକେଇଲେ ମିଳେଇ ଯିବ ଜାଣ !
ସବୁ ଠକ... ସବୁ ଠକ ଶଃ ଏଇଠି ଏକାଠି !
ସନ୍ଧ୍ୟାରେ ଆସିବ ପାମ୍ପଡ଼ ଆଣି ଲନ୍‌କୁ,
ଝିଅଙ୍କୁ ହସି ହସିକି ଦବ, ଅଧିକା ଲୁଣ ଛିଞ୍ଚିକି !
ବାଃରେ ସୁଦାମ !
'ଦେ' ବେ ଗୋଟେ ସିଙ୍ଗଡ଼ା ଅଧିକା ଆଜି,
କବିତା ଶୁଣେଇ ଯୋଉ ବୋର୍ କଲୁ !'

(୨)

ସୁଦାମ ଆଉ କବିତା ଲେଖୁନି ବୋଧେ,
କି ଲେଖୁଚି ଲୁଚେଇ ଲୁଚେଇ
ଯେମିତି ଲୁଚେଇ ଲୁଚେଇ ଦେଖେ
ତା' ପ୍ରିୟତମାକୁ ସନ୍ଧ୍ୟାବେଳେ ଲନ୍‌ରେ
ପାମ୍ପଡ଼ ଧରି ବୁଲିଲା ବେଳେ ।
ପ୍ରିୟତମା ! ହା ହା !
ପାମ୍ପଡ଼ ! ପ୍ରିୟତମା !
ପ୍ରିୟତମା ! ପାମ୍ପଡ଼ !
ପ୍ରିୟତମା ପାମ୍ପଡ଼ବାଲାର !
ଆଜିର ସୁପରହିଟ୍ ନାଟକ, 'ପାମ୍ପଡ଼ବାଲାର ପ୍ରିୟତମା' !!

କିନ୍ତୁ ଏଇ କିଛି ଦିନ ହେଲା
ମୁଁ ନିଜେ ବି ଆଉ ହସିପାରୁନି ଏ ଜୋକ୍‌ରେ ।
କିଛି ଦିନ ହେଲା ରୋଜ୍ ରାତିରେ
ମୁଁ ସ୍ୱପ୍ନ ଦେଖୁଚି,
ସୁଦାମ ଆଉ ଏଲିଅଟ୍
ସାଙ୍ଗ ହେଇ ବସିଚନ୍ତି ଲନ୍‌ରେ,
ଦିହେଁ ମିଶିକି ଗାଉଚନ୍ତି ବଡ଼ ପାଟିରେ

ସୁଦାମର ସେଇ ଚାରିଧାଡ଼ି –
'ମୁଁ ତୁମକୁ ଲୁଚି ଦେଖେ, ପ୍ରିୟତମା
ମୁଁ ତୁମର ବାଟ ଚାହେଁ, ପ୍ରିୟତମା
ତୁମେ କଣ କେବେ ବୁଝିବନି
ମୁଁ ତୁମକୁ ଭଲ ପାଏ, ପ୍ରିୟତମା'

# ସନ୍ଧି

ବୁଝିଲ,
ତମ ସହରରେ ମଣିଷ କମ୍।

ସେଇ ସକାଶେ ମୁଁ
ଆଜି ଶିକାରୀ ହେଇ ବିଛାଏ ଯୋଉ ଫାଶ
କାଲିକି ଫସେ ସେଇଥିରେ ହରିଣ ହେଇ।

ଆଜି ଲେଖେ ଯୋଉ କବିତା
କାଲିକି ଉଡ଼େଇ ଦିଏ ଯୋବ୍ରା ପୋଲ ଉପରୁ।
ତମେ ହସ। କୁହ, ଗିମିକ୍ ସବୁ।

ଠିକ୍। ମାନିଲି ଗିମିକ୍ ବୋଲି।
ହେଲେ ମତେ କୁହ, କଅଣଟା ଗିମିକ୍ ନୁହଁ ଯେ
ଆମର ଏ ଦୁନିଆରେ ? ସର୍ବଶକ୍ତିମାନ୍ ଈଶ୍ୱର
ଯେତେବେଳେ ଭୁଲିଗଲେ
କାହାକୁ ଜୀବନ ତ କାହାକୁ ମନଟିଏ ଦବାକୁ,
ଯେତେବେଳେ ଫେରି ଆସିଲା ସବୁଥର ପରି
ତମ ପ୍ରାର୍ଥନା ତାଙ୍କ କବାଟ ଏପଟୁ,
କଅଣ ବେଶୀ କରିପାରିଲ ତମେ ?
ଖାଲି ଯାହା ତାଳି ବଜେଇଲ !

କଅଣ କରିପାରିଲ ତମେ ଯେତେବେଳେ
ବିରିବାଟୀରେ ଭାଇ ଆଣ୍ଟି ଭାଇ ପାନଦୋକାନରୁ
ପରାଗ ପାଟିରେ ପକେଇ ଟିକେ ଆଗକୁ ଯାଇଚି କି ନାହିଁ
ଲେସିହେଇଗଲା ବାଇକ୍ ବାଲାଟା ରାସ୍ତା କଡ଼ରେ ?
ଖାଲି ଯାହା ଟ୍ରକ୍ କାଚକୁ ଗୋଟେ ଢେଲା ପକେଇଲ,
ହେଲା ସେତିକି ?
ଓହୋ, ତମେ ତ ନଥିଲ ସେଠି।

ତମେ ଥିଲ ତମ ସହରରେ ଯୋଉଠି
ମଣିଷ
କମ୍।
ଆଉ ମୁଁ ଥିଲି...
ମୁଁ ଯୋଉଠି ବି ଥିଲି କଅଣ ଫରକ ପଡୁଚି ସେଥିରୁ !
ଆସିଲି ତ ତମ ସହରକୁ।

ସେଇ ଆମର ଭାଗ୍ୟ।
ରୋଜ୍ ଭେଟ ହବା ଆଉ ଗାଇବା
ଗୋଟାଏ ଗୀତକୁ ଅଧା ଅଧା କରି,
ଆର ଜଣକ
ଶୁଣି ନ ପାରିଲା ପରି।

ହେଲା ଏବେ, ତମ ଗୀତ ଅଧକ ବି
ମୁଁ ହିଁ ଗାଇବି।
ତମେ ହସିବ, ତାଳି ବଜେଇବ, କହିବ,
'ଏହେ ! କେତେ ବେସୁରା ଗାଅ ତମେ !'

# ଲଣ୍ଠନ ଖାଲି ଫ୍ଲାଶ୍‌ବ୍ୟାକ୍ ନୁହଁ

ଜେଜେବାପା ଲଣ୍ଠନ ପାଖରେ ବସୁଥିଲେ
ଖବରଗକାଗଜ ଧରି,
କହୁଥିଲେ, 'ସବୁବେଳେ ମନେ ରଖିବୁ ବାପା,
କ୍ରୋଧ ମଣିଷର ପରମ ଶତ୍ରୁ !'
ଲଣ୍ଠନଠାରୁ ଟିକେ ଦୂରରେ ବସୁଥିଲି ମୁଁ,
ଘୁମେଇଲେ ବି ଜଣାପଡୁନଥିଲା ତାଙ୍କୁ।

ନିଜେ ବି କୁଆଡ଼େ ଭାରି ରାଗୀ ଥିଲେ ସିଏ
ଟୋକାବେଳେ,
ଛାତ୍ରମାନେ ଭାରି ଡରୁଥିଲେ ତାଙ୍କୁ,
'କଥାକଥାକେ ଛାଟ ବସେଇ ଦିଅନ୍ତି ପା ନାରଣମାଷ୍ଟ୍ରେ !'
ମୁଁ କିନ୍ତୁ ତାଙ୍କୁ କେବେ ରାଗିବାର ଦେଖିନାଇଁ,
ଦେଖିନାଇଁ ତାଙ୍କ ଛାଟ କି ଟୋକାବେଳ।

ହୁଏତ ଜେଜେବାପା ଜାଣିପାରୁଥିଲେ
ଯେ ମୁଁ ଘୁମେଇ ପଡ଼ିଚି ତାଙ୍କ କଥା ଶୁଣୁ ଶୁଣୁ,
ଜାଣିପାରୁଥିଲେ ଯେ ସିଏ ମାଷ୍ଟ୍ରେ ହେଇ ନାହାଁନ୍ତି ଆଉ,
ତଥାପି ଲଣ୍ଠନ ତେଜୁନଥିଲେ ସିଏ
ବିଜୁଳି ନ ଆସିବା ଯାଏ।

ଏବେ ଆଉ ଜେଜେବାପା ନାହାଁନ୍ତି
ଲଣ୍ଠନ ସେପାଖେ ବସିବା ପାଇଁ,
ଥିଲେ ବି କୋଉ ମୁଁ ଆଉ ବସିଥାନ୍ତି
ଲଣ୍ଠନ ଏପାଖେ !

ଅବଶ୍ୟ ଏକଥା ବି ସତ
ଯେ ଆଜିକାଲି ଅନ୍ଧାରରେ ଥିଲାବେଳେ
ଅନେକ ଥର ମୁଁ ଭାବିଚି
ଲଣ୍ଠନଟେ ଆଣିବି ଆଗାମୀ ସଂଜ ପୂର୍ବରୁ,
ଏଥରକ ନିଜେ ତେଜିଦେବି ବତୀ
ଏଥରକ ଘୁମେଇବି ନାହିଁ ଜମା ।

# କବିତା ହେଲାନି ଯାହା

ବର୍ତ୍ତମାନ ମୋ'ର ମନ ଦୁଃଖ।

ବର୍ତ୍ତମାନ ମୁଁ ମେହଦି ହସନ୍‌ଙ୍କର
'ଅବ୍ କେ ହମ୍ ବିଛଡ଼େ' ବାରମ୍ବାର ଶୁଣିପାରେ,
ବାରବାଟୀ ଆଡ଼େ ବୁଲିଯାଇପାରେ
କିମ୍ବା ଇଚ୍ଛା ନାହିଁ ବୋଲି କହି
ଅନେକ ଦିନୁ ଅଧା ପକେଇଥିବା ଗପ ଗୋଟିଏକୁ
ସେଇମିତି ଛାଡ଼ିଦେଇପାରେ।

ଜାଣେ, କବିତା ହେଲାନି ଏତକ...
ମନ ଦୁଃଖକୁ ନେଇ ଢେର୍ କବିତା ଲେଖାହେଲାଣି,
ନା କଣ? ଇସ୍ୟୁ କାଇଁ?

ବର୍ତ୍ତମାନ ମୁଁ ପୁଣି ଥରେ
ତମକୁ ଫୋନ୍ କରିପାରେ ଏବଂ
ସ୍ୱୀକାର କରିପାରେ,
'ଜାଣିଚ! ମତେ କବିତା ଲେଖି ଆସେନାଇଁ'
ତମେ ଶୁଣିପାର, ନ ଶୁଣି ବି ପାର,
ତମର ଯୋଉ ମାୟା କିଏ ଭେଦିପାରିଚି!

କଥା ହେଲା, ବର୍ତ୍ତମାନ
କଥା କିଛି ନାଇଁ।
ଆଉ ମୁଁ ଚେଷ୍ଟା କରୁଚି
ସେଇ ନଥିବା କଥାକୁ କହିବା ପାଇଁ,
ତମେ ହସିପାର
ଯଦି ଏବେ ବି ଫୋନ୍ ରଖିନଥାଅ ତାହେଲେ।

କଥାଟିଏ ହେଇପାରନ୍ତା ଯଦି
ସାମ୍ନା ବାଲ୍‌କୋନିର ଝିଅଟି ଥରେ ବି
ହସିଦିଅନ୍ତା ଏପଟ ଲ୍ୟାମ୍ପ୍‌ପୋଷ୍ଟ୍ ପାଖରେ
ସାଇକେଲ୍ ଚେନ୍ ସଜାଡୁଥିବା ଟୋକା ଆଡ଼େ ଅନେଇ,
କି ତଳକୁ ଆସିକି କହନ୍ତା ତାକୁ,
'ତିନିଦିନ ହେଲା
ତମ ସାଇକେଲ୍ ଏଇଠି ହିଁ ଖରାପ ହଉଚି ?'

କିନ୍ତୁ କଥା କିଛି ନାହିଁ।
ସତ କଥା ହେଲା,
ସାମ୍ନା ବାଲ୍‌କୋନିରେ କେହି ବୋଲି କେହି ନାହିଁ,
କଥା ହେଲା,
ସେ ବାଲ୍‌କୋନି ସାମ୍ନାରେ ଲ୍ୟାମ୍ପ୍‌ପୋଷ୍ଟ୍ ବି ନାହିଁ।
ଝିଅ ନାହିଁ,
ଟୋକାଟା ବି ନାହିଁ,
ସବୁ ଗିଳି ଦେଇଚି ମୋ'ର ମନ ଦୁଃଖ।

ବର୍ତ୍ତମାନ ମୁଁ ଏ କବିତାଟି ଚିରି
ଫିଙ୍ଗି ଦେଇପାରେ
ଏବଂ ଖବରକାଗଜର ସାଦା ପୃଷ୍ଠାସବୁକୁ
ବାରମ୍ବାର ମନଧ୍ୟାନ ଦେଇ ପଢ଼ିପାରେ...

... କିମ୍ୱା ଚେଷ୍ଟା କରିପାରେ
ତମ ହାତରୁ ଛଡ଼େଇ ନବାକୁ
ଏ କବିତା ଆଉ ହେଁ ହେଁ ହସିପାରେ
କାହିଁକି ନା ମୋ'ର ମନ ଦୁଃଖ।

# ଇନ୍‌ସୋମ୍ନିଆ

ଯଥେଷ୍ଟ ହୁଏନାଇଁ ଜମା।

ଶୋଷକୁ ପାଣି,
ଚିତ୍କାରକୁ ପ୍ରତିଧ୍ୱନି,
ସ୍ୱପ୍ନକୁ ନିଦ,
କି ମୋ' ଅଭିମାନକୁ ତମ ଭଲପାଇବା -
ଜମାରୁ ଯଥେଷ୍ଟ ହୁଏନାଇଁ।

ତମେ ଯେବେ ଶୋଇପଡ଼,
ତମ ଶେଯ ପାଖରେ ଧୀମା ସ୍ୱରରେ
କଥା ହୁଅନ୍ତି ଏମାନେ ସବୁ -
ମୋ' ଶୋଷ, ମୋ' ଚିତ୍କାର, ମୋ' ସ୍ୱପ୍ନ,
ଆଉ ଅଭିମାନ ମୋ'ର,
ଭାବନ୍ତି ତମକୁ ଉଠେଇବେ କି ନା ନିଦରୁ,
ଉଠାନ୍ତିନି, ଫେରି ଆସନ୍ତି।

ସକାଳକୁ ତମେ ଭାରି ଚିଡ଼୍‌ଚିଡ଼୍ ହୁଅ,
କୁହ କେମିତି ନିଦ ହେଲାନି ରାତିସାରା,
କେମିତି ସାରାରାତି ଶୁଭୁଥିଲା ପାଟିତୁଣ୍ଡ
କେଜାଣି କାହାର। ସକାଳକୁ

କେଜାଣି କାଇଁକି ତମେ
ମତେ ଦୋଷ ଦିଅ।

ତମେ କଣ ଜାଣିନ ଏଯାଏଁ -
ଯୋଦ୍ଧମାନଙ୍କ କଥାବାର୍ତ୍ତାରେ
ଚହଲିଯାଏ ନିଦ ତମର, ସେମାନେ ସମସ୍ତେ
ତମରି ସ୍ୱପ୍ନ, ତମରି ଅଭିମାନ, ତମରି
ଚିତ୍କାର, ତମରି ଶୋଷ।

ଦିନେ କେବେ ପଠେଇ ଦିଅ ସେମାନଙ୍କୁ
ମୋ ପାଖକୁ।
ଠିକଣା ତ ମନେଥିବ ମୋ'ର!
ସେମିତି ବି ମତେ
ଆଜିକାଲି
ଜମା ନିଦ ହୁଏନାଇଁ।

## ସବୁ କଥା

ତମେ କି ଭାବୁଚ ନିଦ ହେଇଗଲେ ସରିଯିବ ସବୁ କଥା ?
ନ କହିଲେ ଆଉ, ନ ଶୁଣିଲେ ଆଉ, ଲିଭିଯିବ ସବୁ କଥା ?

ଜାଳିଦେଇପାର ଚିଠି ଯେତେ ମୋର ଭୁଲିଯାଇପାର ମତେ,
ତଥାପି କିଏ ତ କାନ ପାଖେ ତମ କହୁଥିବ ସବୁ କଥା

ଫେରୁଥିବ ଯେବେ ଅଧରାତି ତମେ ନିଜକୁ କବର ଦେଇ
ଡରିବନି ଜମା, ସାଥିରେ ତମର ଫେରୁଥିବ ସବୁ କଥା

ନ ଡାକିଲେ ତମେ ଆସିବିନି ବୋଲି ଭାବୁଥାଅ ଯଦି ତେବେ
ବାହାରକୁ ଦେଖ ଝରକାକୁ ଖୋଲି ବୁଝିଯିବ ସବୁ କଥା

ବେଶୀ କିଛି ନାହିଁ ଅସୁବିଧା ଏଠି ଭଲପାଇବାରେ ହେଲେ
ଭଲ ଜମା ପାଇହେବ ନାଇଁ ଯଦି ତଉଲିବ ସବୁ କଥା

କୁନି ଫୁଲଟିଏ ମଉଳିଲେ କେବେ, ଘୋଟିଗଲେ କେବେ ମେଘ,
କେବେ ପୁଣି କୋଉ କବିତା ଧାଡ଼ିରେ ଦିଶିଯିବ ସବୁ କଥା

କଥା ସବୁ କେବେ ପ୍ରଜାପତି ଆଉ କେବେ ଟହଟହ ଖରା
ନିଖିଳେଶ କାଲି ଚାଲିଯିବ ହେଲେ ରହିଥିବ ସବୁ କଥା

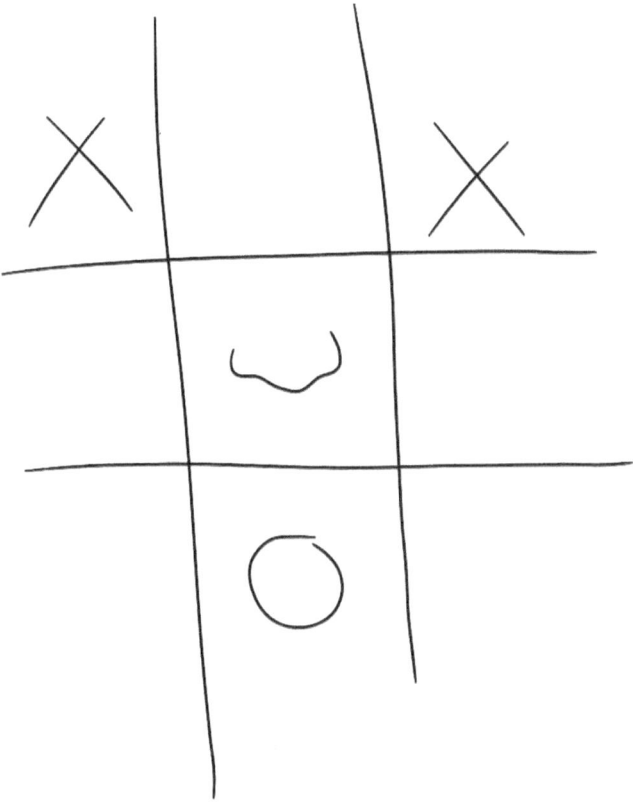

କବିଟିଏ ମରିଗଲା ପରେ | ୩୩

# ଅନୁପ୍ରବେଶ ଅଥବା 'ଅଧା ରହିଯାଇଥିବା ପ୍ରେମ କବିତାଟିଏ'

"I can't explain what I mean. And even if I could, I'm not sure I'd feel like it."

– J. D. Salinger, *The Catcher in the Rye*

ମୋ ଝରକା ସେପାଖେ
ଶୋଇପଡ଼ିଥିବା ରାସ୍ତାକୁ ନିଦରୁ ଉଠେଇ,
ଚଢ଼େଇମାନଙ୍କର ଗପସପକୁ
ତିନି ସେକେଣ୍ଡ୍ ପାଇଁ ଥମ୍ କରିଦେଇ
ଅଟୋରିକ୍ସାଟିଏ ଛୁଟିଗଲା
ଏମିତି,
ଯେମିତି ପହଞ୍ଚେଇବାର ଅଛି ତାକୁ
ଅଢ଼େଇ ମିନିଟ୍ ଭିତରେ
ପ୍ରଧାନମନ୍ତ୍ରୀଙ୍କର କୋଉ ଗୋଟେ ରାଲିରେ
ଖୋଦ୍ ପ୍ରଧାନମନ୍ତ୍ରୀଙ୍କୁ।

ନା, ପ୍ରଧାନମନ୍ତ୍ରୀ ତ ଅଟୋରିକ୍ସାରେ ବସନ୍ତି ନାହିଁ,
କେବେ କେବେ ମେଟ୍ରୋରେ ବସନ୍ତି
ଆଉ କୁନିପିଲାଙ୍କ କାନ ମୋଡ଼ନ୍ତି
ସ୍ନେହରେ।

ତେବେ କିଏ ଆସିଲା ଏ ଅଟୋରିକ୍ସାରେ ?
ସେଇ ଝିଅଟି ନୁହେଁ ତ ଯିଏ ସେଦିନ
ମେଟ୍ରୋରେ ଦେଖାହେଇଥିଲା-
ମାନେ ଦିଶିଯାଇଥିଲା-
ସାଲିଞ୍ଜରର 'କ୍ୟାଚର୍ ଇନ୍ ଦ ରାୟ୍' ପଢୁଥିଲା,
ସେଇ ଝିଅଟି ଯିଏ ପିନ୍ଧିଥିଲା ଗୋଟେ ଗୋଲାପୀ ଟପ୍,
ଯାହା ବେକରେ ପଡ଼ିଥିଲା
ଗୋଟେ ରୂପେଲି ରଙ୍ଗର ଅଧାଚନ୍ଦ୍ର ଲକେଟ୍,
ସେଇ ଝିଅଟି ଆସିଲା କି ଆଉ ଏ ଅଟୋରିକ୍ସାରେ ?

ସେଦିନ ସେ ଝିଅକୁ ଦେଖି ମୁଁ ଭାବିଥିଲି
ତା ପାଖକୁ ଯିବି
ଆଉ କହିବି ତାକୁ,
'ଜାଣିଚ, ଏ ବହି ମୁଁ ତିନିଥର ଆରମ୍ଭ କରିଚି,
ଅଥଚ ସାରିପାରିନାଇଁ କେବେ ବି!'
ଭାବିଥିଲି ତା ପାଖକୁ ଯିବି ଆଉ ତା ପାଖ ସିଟ୍‌ରେ
ବସିଥିବା ଚୁଙ୍ଗୁଚୁଙ୍ଗିଆ ଟୋକାକୁ ଉଠେଇ ସେଠୁ
ବସିବି ତା ପାଖରେ,
ଆଉ ଚେଷ୍ଟା କରିବି ପଢ଼ିବାକୁ
ଅନେକ ଦିନୁ ପଢ଼ିପାରିନଥିବା
ବାକିତକ କ୍ୟାଚର୍ ଇନ୍ ଦ ରାୟ୍
ତା' ଆଖିରୁ।

ସିଏ ଓହ୍ଲେଇଗଲା ହଜ୍ ଖାସ୍‌ରେ,
ଆଉ ସେଠୁ ମାଜେଣ୍ଟା ଲାଇନ୍ ଧରି
ଆସିଲା ମୁନିର୍‌କା,
ଠିକ୍ ମୋ' ପରି।
କିନ୍ତୁ ସେମିତି କିଛି ହେଲା ନାଇଁ,

ସିଏ ଅଟୋରିକ୍ସା ଧରିଲା ଘରକୁ (ବୋଧେ),
ମୁଁ ବସ୍ ଧରିଲି ହଷ୍ଟେଲ୍‌କୁ।

ଆଜି ଏ ଅଟୋରିକ୍ସାରେ
ଆସନ୍ତା ଯଦି ସେ ଝିଅ ଆଉ କହନ୍ତା ମତେ
'ଦେଖ! ସରିଗଲା ଏ ବହି
ଦେଢ଼ ଦିନରେ ହିଁ,
ତମେ ଭାରି ଅଳସୁଆ, ବୁଝିଲ!'
ହୁଏତ ମୁଁ ପଚାରନ୍ତି ତାକୁ,
'ତମ ବହିଟି ଟିକେ ଉଧାର ଦବ ମତେ?
କଥା କଣ କି, ମୋ ବହିଟି ଘରେ ରହିଗଲା'

ସତରେ ନହେଲା ନାଇଁ,
କବିତାରେ ତ ହେଇପାରିଥାନ୍ତା ଏତକ,
କବିତାରେ ତ ଭେଟାଭେଟି ହେଇପାରିଥାନ୍ତୁ ଆମେ,
ହେଲେ କବିତାରେ ବି
ଅଟୋରିକ୍ସାରେ ଆଗ ଆସିଲେ ପ୍ରଧାନମନ୍ତ୍ରୀ,
ମେଟ୍ରୋରେ ବି...

କ୍ୟାଚର୍ ଇନ୍ ଦ ରାୟ୍ ପୂରା ପଢ଼ିପାରିବା
ହୁଏତ ଏ ଜନ୍ମରେ
ନାହିଁ ମୋ ଭାଗ୍ୟରେ!

# କାହାଣୀ ଲେଖାହବା ପୂର୍ବର ଦୃଶ୍ୟ

ରୁମ୍ ନଂ ୨୫, କୁନ୍ତଳା କୁମାରୀ ହଷ୍ଟେଲ୍‌ରୁ ତରବରରେ ବାହାରି
ବାଣୀବିହାରର ସେ କୃଷ୍ଣଚୂଡ଼ା ଗଛ ତଳେ
ହାଲ୍‌କା ମେଘ ରଙ୍ଗର ଡ୍ରେସ୍ ପିନ୍ଧି ଛିଡ଼ା ହୋଇଥିବା ଝିଅଟି
ତମେ ନୁହଁ,
କି ଅନୁଗୁଳରେ ସକାଳ ଛଅଟା ପଇଁଚାଳିଶ ବସ୍ ପଛରେ
ଦୌଡ଼ୁଦୌଡ଼ୁ
ତାକୁ କୁହୁଡ଼ିରେ ମିଳେଇଯାଉଥିବାର ଦେଖୁଥିବା ଅଥଚ
କିଛି କରିପାରୁନଥିବା ଟୋକାଟା
ମୁଁ ନୁହେଁ...

ମନେ ଅଛି ଥରେ ଯୋବ୍ରା ପୋଲ ଉପରୁ
ମହାନଦୀର ହାଲ୍‌କା
ମେଘ ରଙ୍ଗର ପାଣି ଆଡ଼କୁ ହାତ ଦେଖେଇ ମୁଁ କହିଲି,
'ହେଇ ସେଇଠି ବୁଡ଼ି ଯାଇଥିଲା ଅଶୋକ!'
ଆଉ ତମେ ଏକ୍‌ଦମ୍ ଚୁପ୍ ହୋଇଗଲ।
ଅନେକ ସମୟ ପରେ କହିଲ
କେମିତି ଗୋଟେ ଭୀଷଣ କୁହୁଡ଼ିଆ ସକାଳର
ପରେ ପରେ
ମାଟି ତାଡୁଥିବା କ୍ରେନ୍ ମୂନରେ
ଲାଖିଥିବା ଅବସ୍ଥାରେ ମିଳିଲେ ଫୁଲ ତୋଳି ଯାଇଥିବା

ପ୍ରଫେସର ଦାଶଙ୍କ ମା' –
ପ୍ରାୟ ପଚାଶ ଫୁଟ ଉଚ୍ଚାରେ।

ତମେ କଣ ମତେ ବିଶ୍ୱାସ କରିବନି
ଯଦି ତଥାପି ମୁଁ କହେ କୁହୁଡ଼ି, ମେଘ, ମହାନଦୀ –
ଏମାନଙ୍କର କିଛି ଦୋଷ ନାହିଁ?

ତମେ କଣ ଏ ନିରୀହମାନଙ୍କୁ କ୍ଷମା କରିବନି?

ମୁଁ ଜାଣେ
କାହିଁକି ତମର ହାଲ୍‌କା ମେଘ ରଙ୍ଗର ଡ୍ରେସ୍ ନାହିଁ,
ଆଉ ଏକଥା ବି ଜାଣେ
ଯେ ତମେ ଜାଣ ମୁଁ କାହିଁକି
କୁହୁଡ଼ିର ସାମ୍ନାସାମ୍ନି ହେଇପାରେ ନାଇଁ...

କିନ୍ତୁ ଏକଥା ବି ତ ସତ
ଯେ କୁହୁଡ଼ିରେ ଦୂରବାଟ ଦିଶେ ନାଇଁ ବୋଲି
ପାଖଲୋକ ଅଧିକା ନିଜର ଲାଗେ,
ଆଉ ଏକଥା ବି ତ ସତ
ଯେ ହାଲ୍‌କା ମେଘ ରଙ୍ଗର ଡ୍ରେସ୍
ଭାରି ମାନନ୍ତା ତମକୁ...
ହେଇ ଦେଖ,
ସେ ଟୋକା ଆସି ପହଞ୍ଚିଲା କୃଷ୍ଣଚୂଡ଼ା ଗଛ ମୂଳେ –
ବୋଧହୁଏ ସାତଟା ପଚାଶ ବସ୍ ଧରିକି,
ଦେଖୁଚ କେମିତି ରାଗୁଚି ସେ ଝିଅ!

ମୁଁ ଜାଣେ ସେ ଦି'ଜଣ
ତମେ ଆଉ ମୁଁ ନୁହେଁ,
କିନ୍ତୁ ଏକଥା ବି ତ ସତ –

ହେଇ ଦେଖୁନ ସତ କି ନାଇଁ -
ଯେ ଏବେ ହାତ ଧରାଧରି ହେଇ
ରାସ୍ତା ପାରି ହେଲା ବେଳେ
ସେମାନେ ଦିଶୁଚନ୍ତି
ଅବିକଳ ଆମରି ପରିକା ।

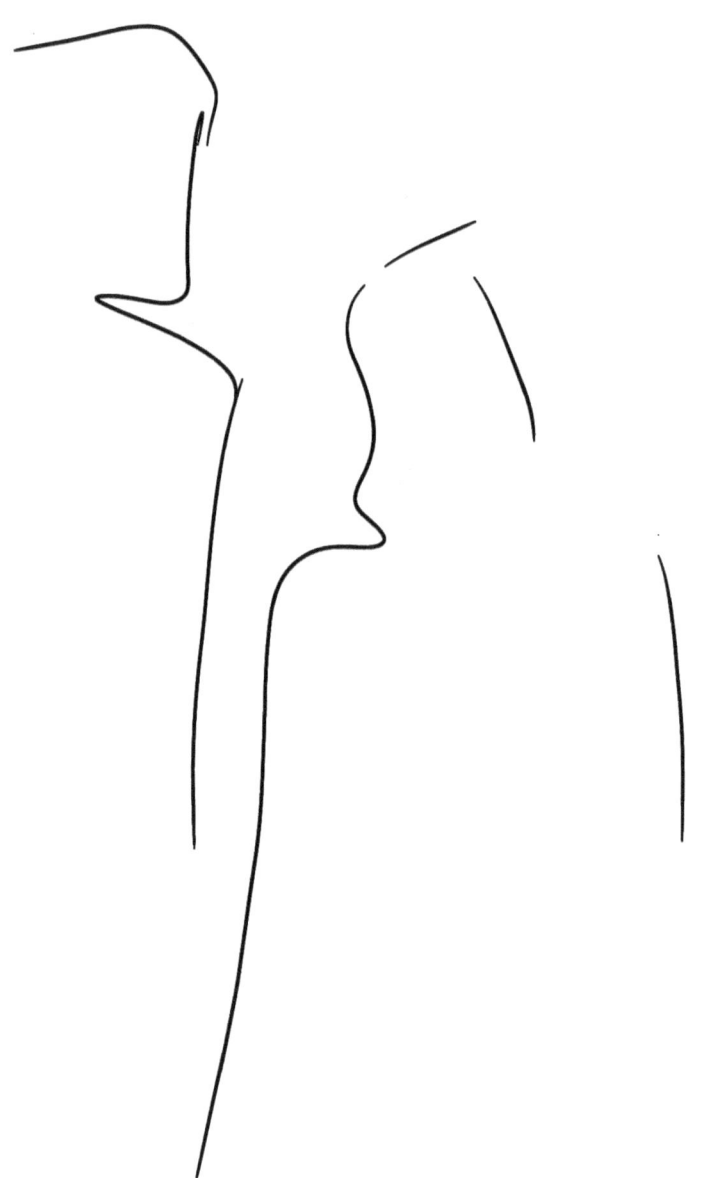

## କେବଳ ଆପଣ ଜାଣିଥିବା ଜିନିଷଟି

ସତ ଶୁଭିଯାଏ ବେଳେବେଳେ।

କେବେ କୋଉ ହସର ଅସରନ୍ତି ଆସରରେ
ପଦେ କଥା ହେଇ ଗଳିପଡ଼େ କେଜାଣି କୋଉଠୁ,
କେବେ କୋଉ ନୀରବତାର ରେଶମ ଚାଦରକୁ କଣା କରି
ସତ ଫୁଟି ବାହାରିଯାଏ ବେଳେବେଳେ।

ଧରନ୍ତୁ ଆପଣ ଅଛନ୍ତି ଅଫିସ୍‌ରେ
ଫାଇଲ୍ ସବୁ ଉପରେ ମୁହଁ ମାଡ଼ିକି,
କି ଅଛନ୍ତି ଆପଣଙ୍କ ଅନ୍ୟତମ ପ୍ରେମିକାର ଘରେ,
ଝରକା କବାଟ ସବୁ ବନ୍ଦ।
ହଠାତ୍ ଆସିବ ସତ ଏବଂ ମୁରୁକି ହସିବ
ଆପଣଙ୍କ ମୁହଁକୁ ଅନେଇ।
ଆପଣ ଯଦିଓ ଶୂନ୍ୟବାଣୀ ଜାତୀୟ ଜିନିଷରେ
ବିଶ୍ୱାସ କରନ୍ତି ନାଇଁ, ଆପଣଙ୍କ
କାନ ଭାଁ ଭାଁ ଶୁଭିବ ଆଉ ମନେ ପଡ଼ିଯିବ
'ମଞ୍ଚାରୁ ପଡ଼ି ମାମୁ ମଲା...'

ଧରନ୍ତୁ ଆପଣ ଥିବେ ଟ୍ରାଫିକ୍ ଜାମ୍‌ରେ ଆଉ
ହଠାତ୍ ଦେଖିବେ ସହରର ସବୁଠୁଁ ଉଚ୍ଚା ହୋର୍ଡିଂରେ
ଆପଣଙ୍କ ନାଁ, ଆପଣଙ୍କ ଫଟୋ

କୋଉ ଗୋଟେ ଅସତର୍କ
କି ଅତ୍ୟନ୍ତ ସତର୍କ ମୁହୂର୍ତ୍ତରେ,
ତେତିଶ ପ୍ରତିଶତ ରିହାତି ଅଫର୍ ସହିତ ।
ସିଗ୍‌ନାଲ୍‌ରେ ଖବରକାଗଜ ବିକୁଥିବା ଟୋକାଟା
ଆପଣଙ୍କ କାଚ ବାଡେଇବ ସତ, ହେଲେ
ଖବରକାଗଜ ବଦଳରେ ବଢ଼େଇ ଦବ ଗୋଟେ
ତାଚ୍ଛଲ୍ୟର ହସ ।

ପ୍ଲାଟ୍‌ଫର୍ମ୍ ନମ୍ବର ତିନିରେ
କୋଉଗୋଟେ ଦୂରଗାମୀ ସୁପରଫାଷ୍ଟ୍‌ରେ
ଯୋଉ ସତକୁ ବସେଇ ଦେଇ
'ହେଇ ପାଣିବୋତଲଟେ ଆଣିକି ଆସେ' କହି
ଆପଣ ଖସିଆସିଥିଲେ, ଯାଆନ୍ତୁ ଶୁଣିବେ
ଷ୍ଟେସନ୍‌ରେ ଘୋଷଣା ହେଲାଣି
ବିଳମ୍ବରେ ହେଲେ ବି ସେ ଫେରି ଆସିଚି ବୋଲି,
'ଆପଣଙ୍କ ଅସୁବିଧା ପାଇଁ ଆମେ ଦୁଃଖିତ ?...
ଜମା ଦୁଃଖିତ ନୁହଁ ।
ଧନ୍ୟବାଦ !'

ପ୍ରାଇମ୍ ଟାଇମ୍‌ର ଖବରରେ
ଆତଙ୍କବାଦୀର ଚେହେରା ହଠାତ୍ ଦିଶିବ
ଅବିକଳ ଆପଣଙ୍କ ମୁହଁ ପରି
ଆଉ ତା ଗୁଳିରେ ମରିଥିବା ସବୁତକ ସ୍କୁଲ୍‌ପିଲାଙ୍କ
ଫାଇଲ୍ ଫଟୋ
ଠିକ୍ ଆପଣଙ୍କ ସାନପୁଅର ମୁହଁ ପରି ।

ଆପଣ ହଠାତ୍ ନିଦରୁ ଉଠିବେ
ଆଉ ଆଶ୍ୱସ୍ତ ହେବେ
ସବୁ ଖାଲି ଦୁଃସ୍ୱପ୍ନ ଥିଲା ବୋଲି ।

ସେତିକିବେଳେ
ପାଣି ଗିଲାସଟିଏ ବଢ଼େଇ ଦବ ଆପଣଙ୍କ ହାତକୁ...
କିଏ ଆଉ ?
ସତ।

# ସେଇ ଝିଅଟି ପାଇଁ

ଯେତେବେଳେ ତୁ ଆଉ ଖାଲି ତୁ ଥିବୁ
ଗୋଟେ ବି କବାଟ ଝରକା ନଥିବା ଦୁନିଆରେ,
ହାତପାଆନ୍ତାରେ ଥିବ କୁନି ଆକାଶଟିଏ
ତୋ ପାଇଁ, ଡେଣା ହେଲେ ନଥିଲେ ବି
ତୁ କଥାବାର୍ତ୍ତା ହେଇପାରୁଥିବୁ
ଉଜୁଡ଼ିଯାଇଥିବା ବସାକୁ
ସଜାଡ଼ି ବାହାରିଥିବା ଚଢ଼େଇ ଦି'ଟିଙ୍କ ସାଙ୍ଗେ,
ସମୟ ପାଖରେ ରୋଜ୍ ରାତିରେ ଅଳି କରି
ଏଇମିତି ମୁହୂର୍ତ୍ତଟିଏ ମାଗିବା
ହେଲା ମୋ ଭଲପାଇବା ।

ଯେତେବେଳେ ବାରମ୍ବାର ତୋ ନାଁ ପଚାରୁଥିବା
ଆଉ ବାରମ୍ବାର ଭୁଲିଯାଉଥିବା ସେ ବୁଢ଼ୀ ମଣିଷଟି
ପୋକଖିଆ କୋଉ ଗୋଟେ କଳାଧଳା ଅତୀତର
ହଳଦିଆ ଅବଶିଷ୍ଟାଂଶ ଭିତରୁ ନିଜକୁ
ଆବିଷ୍କାର କରିବ ଆଉ ଚିକ୍‌ମିକ୍
ଗୋଟେ ହସ ହସି କହିବ, 'ହେଇ ଯୋଉ ଶାଢ଼ୀଟା ପିନ୍ଧିନେଇଁ ମୁଁ
ଏ ଫଟୁରେ, ଯା ରଙ୍ଗ କଣ କଳା କି ! ଜମା ନୁହଁ ।
ଶାଗୁଆ ରଙ୍ଗ ଲୋ ମା' ! ରବିବାପା ଆଣିଥେଲେ
ସେ ସନ ରଜକୁ,

କଲିକତାରୁ। କଣ କହିବି ଆଉ,
ଏଡ଼ିକି ବେହିଆ ନୋକ!'

ଯେତେବେଳେ ତୁ ନିଃଶ୍ୱାସ ନେଲା ବେଳକୁ
ନିଆଁ ଲାଗିଯିବନି ବଜାରରେ,
ଅତି ସରୁ ଗଳି ରାସ୍ତାରେ ଚାଲିଲେ ବି
ତୁ ଝୁଣ୍ଟିବୁନାଇଁ ହାତଗୋଡ଼ ଥିବା
ଚଲାବୁଲା କରୁଥିବା ପଥରମାନଙ୍କ ଦେହରେ,
ତୋ ପାଦରେ ଫୁଟିବନାଇଁ ଆଖିକି
ଦିଶୁନଥିବା ଅଥଚ ଆମ ଏଇ ମାଟିରୁ ଫୁଟି ବାହାରିଥିବା
ପୀରକ କଣ୍ଟା ସବୁ ଯାହା ପୋତିଆସିଚୁ ଆମେ -
ମୁଁ,
ମୋ ବାପା,
ତାଙ୍କ ବାପା ଓଗେର ଓଗେର -
ବର୍ଷ ପରେ ବର୍ଷ
ଦିନ ଦିପହରେ
କାମକୁ ଯାଉଚୁ ବୋଲି ମିଛ କହି
ଘରୁ ବାହାରି ଆସିଲା ପରେ।

ବେଳେବେଳେ ତମାମ୍ ଜୀବନ ବି
ଯଥେଷ୍ଟ ହୁଏନାଇଁ ଭଲପାଇବାକୁ,
ସେଇଥି ପାଇଁ ତ ବେଳେବେଳେ
ଅଧରାତିରେ
ହଠାତ୍ ନିଦରୁ ଉଠି
ସମୟ ପାଖରେ ଅଳି କରେ ମୁଁ
ମୋ ବାକିତକ ଜୀବନ ବଦଳେ
ତୋ' ପାଇଁ
ଏଇମିତି ମୁହୂର୍ତ୍ତଟିଏ ହେଇଯିବାକୁ।

# ଅନୁପସ୍ଥିତି ପରି କିଛି

ଗୋଟିଏ ଗୋଟିଏ ଦିନ।

ତମଠୁ ମୋ' ଯାଏ ଗୋଟେ ରାସ୍ତା ଅଛି,
ଯୋଉ ରାସ୍ତା ଉପରେ ଦୌଡୁଥାଆନ୍ତି
ଆଖିରେ ଅନ୍ଧପୁଟୁଳି ବାନ୍ଧି ଶବ୍ଦ ସବୁ,
ଧକ୍କା ଖାଆନ୍ତି ଇଏ ତା ଦେହରେ, ସିଏ ୟା
ଦେହରେ,
ପହଞ୍ଚି ପାରନ୍ତି ନାଇଁ କେବେ ବି,
କି ପହଞ୍ଚନ୍ତି ଲହୁଲୁହାଣ ହେଇ
ଶେଷ ଦୃଶ୍ୟକୁ ଆଉ ଟିକେ ଟ୍ରାଜିକ୍ କରିବାକୁ...
ଟ୍ରକ୍ ଚଢ଼ିଯାଏ କି ତାଙ୍କ ଉପରେ?

ନା ନା, ଅଧିକା ବର୍ବର ହେଇଯାଉଚି ଏ କବିତା!

କିଏ କହିବ କେମିତି ଚାଲିବାକୁ ହୁଏ ବାଟ?
କିଏ ଶିଖେଇବ ଗାଇବାକୁ
'ମୁସା-ଆ-ଫିର୍ ହୁଁ ୟାରୋ...'
ମତେ ଗୀତ ଗାଇ ଆସେନି ଜମା
ଆଉ ତମର ତ ଗୀତ ଶୁଣି ଶୁଣି ଶୋଇବା ଅଭ୍ୟାସ।

ମୁଁ ଜାଣେ, କାହାକୁ କାହାକୁ ଲାଗିବ ଏ କବିତାରେ
କିଛି ନାହିଁ, ଖାଲି ମିଛ ଦୁଃଖ,
ଫାଙ୍କା ଦିନମାନଙ୍କୁ ଭରପୂର କରି ଦେଖେଇବାର
ଚକ୍ରାନ୍ତ, କିନ୍ତୁ ତମେ ତ ବୁଝିପାରିବା କଥା,
ତମେ ତ ବୁଝିପାରିବା କଥା ଯେ
ଗୋଟିଏ ଗୋଟିଏ ହେଇ ଦିନସବୁ
ଯେତେବେଳେ ଚାଲିଯାଆନ୍ତି କେଜାଣି କୁଆଡ଼େ
ଆଉ ସାଙ୍ଗରେ ନେଇଯାଆନ୍ତି ସବୁତକ ଜୀବନ
ତମର ମୋ'ର ଆମର ଶବ୍ଦମାନଙ୍କ ଦେହରୁ,
ଆମେ ଏକାଠି କାନ୍ଦି ବି ତ ପାରୁନାଇଁ !

ଗୋଟିଏ ଗୋଟିଏ ଦିନ,
'ହାଓ ୱାଜ୍ ୟୋର୍ ଡେ ?'
- 'ଗ୍ରେଟ୍! ୟୋର୍ସ୍ ?'

# ଋଷିକେଶ

ଧୀରେ ଧୀରେ ଫେରିଆସିବାର ମୋହ ତୁଟିଯାଏ
କିଛି ସମୟ
ଗଙ୍ଗା କୂଳରେ ବସିଲେ।

ଗଙ୍ଗା ବହୁଥାଏ,
ଲକ୍ଷ୍ମଣଝୁଲାରୁ ରାମଝୁଲା ଆଡ଼କୁ।
ଫେରେ
ନାହିଁ, ଫେରିଆସେ ନାହିଁ।

ଫେରି ଆସନ୍ତି ନାହିଁ
ଗଙ୍ଗା ପାଣିରେ ଭାସିଯାଉଥିବା
ଶୁଖିଲା କି କଞ୍ଚା ପତ୍ର ସବୁ,
ଧୀରେ ଧୀରେ ରଙ୍ଗ ଫିକା ପଡ଼ି ଆସୁଥିବା
ଗେଣ୍ଡୁଫୁଲର ଛିଣ୍ଡା ମାଳ,
ପଚିଶ ବର୍ଷ ତଳେ ଘର ଛାଡ଼ି ଗଙ୍ଗା କୂଳରେ
କେଜାଣି କ'ଣ ଖୋଜୁଥିବା ସନ୍ନ୍ୟାସୀ,
କେହି ଫେରି ଆସନ୍ତି ନାହିଁ।

ଧୀରେ ଧୀରେ ସନ୍ଧ୍ୟା ହୁଏ,
ଭିଡ଼ ବଢ଼େ ଗଙ୍ଗା କୂଳରେ,
ଏକୂଳ ସେକୂଳ ହୁଅନ୍ତି ନାଇଁ ଡଙ୍ଗାସବୁ ଆଉ,

ଗହଳ ଚହଳ ଜମେ, ଅଥଚ
ଏମିତି ଲାଗେ ଯେମିତି ଜଣେ
ସରି ସରି ଆସୁଚି ନିଜେ,
ଖଣ୍ଡ ଖଣ୍ଡ ହେଇ ଭାଙ୍ଗିଯାଉଚି
ହିମାଳୟ ଆଡୁ ବହି ଆସୁଥିବା ପବନରେ,
ତରଳି ମିଶି ଯାଉଚି ଗଙ୍ଗାରେ,
ବହି ଯାଉଚି ହରିଦ୍ୱାର ଆଡ଼େ।

ଏମିତି ବେଳାରେ
ନିଜର ବଳକା ଟୁକୁଡ଼ାସବୁକୁ ସାଉଁଟି
ଗୋଟାଗୋଟି କରି
ଫେରି ଆସିବାକୁ ମନ ହୁଏନାହିଁ।

ତଥାପି ଫେରି ଆସେ ଜଣେ,
ରାତିବସ୍ ଧରିବାକୁ ଥାଏ,
ମୋବାଇଲ୍‌ରେ ନଅଟା ମିସ୍‌କଲ୍ ଥାଏ,
ଛୋଲେ-କୁଲ୍‌ଚେ ଠେଲା ପାଖରୁ
ଆଉ ଗୋଟେ ପ୍ଲେଟ୍ ଖାଇବାର ଥାଏ।

# ଆଲୁଅରେ

ଫିକା ଫିକା ଲାଗେ ସବୁ ଆଜି ଏତେ ଆଲୁଅରେ
ଉଆଁସୀ ଅନ୍ଧାର ରାତି ମନେ ପଡ଼େ ଆଲୁଅରେ

ଦିନ ଥିଲା ଆମେ ଥିଲେ ଗୋଟିଏ କାହାଣୀ ହୋଇ
ଏବେ ତ କାହାଣୀ ନିଜେ ଶେଷ ଖୋଜେ ଆଲୁଅରେ

କିଛି ବି ତ ହଜେ ନାହିଁ ଆମରି ଏ ଦୁନିଆରେ
ହଜିଲେ ବି ଖୋଜିବାକୁ ଲାଜ ଲାଗେ ଆଲୁଅରେ

ଯାଇଚି ଯେ ବହୁ ଦୂରେ ଖୋଜି ଖୋଜି ଜୀବନକୁ
ସେ ଆସି ଖୋଜିବ ଦିନେ ନିଜକୁ ଏ ଆଲୁଅରେ

ଜାଣିଚି ମୁଁ ନିଦ ନାହିଁ ତମକୁ ବି ରାତିସାରା
ସାରାରାତି ବିତିଯାଏ ଆଲୁଅରେ ଆଲୁଅରେ

ତମେ ଯଦି ଶୁଣ କେବେ ଗୀତ ମୋର ପବନରେ
ଜାଣିବ ମୁଁ ବାଟ ଭୁଲେ ଏବେ ବି ଏ ଆଲୁଅରେ

ନିଖିଳ ଦେଖୁଚି ବସି ଚାଲିଚି ନାଟକ ଏଠି
ମଝି-ନାଟକରୁ କିଏ ଉଠିଯାଏ ଆଲୁଅରେ !

# ସହଯାତ୍ରୀ

ମୋ'ର ଭୂଗୋଳ ଜ୍ଞାନ ଖୁବ୍ ଦୁର୍ବଳ।
ଅନେକ ଦିନ ଯାଏ ଭାବୁଥିଲି
ଦାର୍ଜିଲିଂ ଆସାମରେ ବୋଲି।

ଗୋଟେ ବାଟରେ ବାହାରେ ଘରୁ ତ
ଯାଇ ଧରେ ଆଉ ଗୋଟେ ବାଟ,
କେଜାଣି କେମିତି,
ପହଞ୍ଚେ ଯାଇକି...
ଆଉ କୋଉ ପହଞ୍ଚି ହୁଏ ଯେ !

ଥରେ କଅଣ ହେଲା ନା ମୁଁ ଖୋଜିଲି
ସାରା ରାତି
ଗୋଟେ ଏମିତି ରାସ୍ତା ଯୋଉ ବାଟରେ ଗଲେ
ଦିଶିବନି ଶୁଖିଲା ଶୁଖିଲା ଆଖି ସେ ବୁଢ଼ୀର।
କୋଉ ବୁଢ଼ୀ ବୋଲି ପଚାରୁଚ ?
ସେଇ ମ, ଯାହାର ବାଇଶି ବର୍ଷର ପୁଅକୁ ନେଇଗଲା
ସେଦିନ ସଞ୍ଜବେଳେ ମହାବଳ ବାଘ।
କୋଉଠିକା କଥା ଇଏ ପଚାରୁଚ ?
ଖାଲି ଭୂଗୋଳ ଚିନ୍ତା ତ ତମର ଆଉ !

ବୁଝିଲ, ଭୂଗୋଳ ବାହାରେ ବି ଦୁନିଆଟେ ଥାଏ,
ଯୋଉଠି... ଯୋଉଠି ବେଶୀ କିଛି ଘଟେନାଇଁ ସତ,
ଯୋଉଠି ସୂର୍ଯ୍ୟ କି ସି-ଟିଭିର କ୍ୟାମେରା ଆଲୁଅ
ପଡ଼େନାଇଁ ସତ, ଯୋଉଠି ଜୀବନ ଥାଏ ବୋଲି
କିଛି ପ୍ରମାଣ ନାଇଁ ମୋ'ପାଖରେ ସତ
କିନ୍ତୁ ଥାଏ... ଦୁନିଆଟିଏ ଥାଏ।

କେମିତି ବୁଝେଇବି ଆଉ ତମକୁ,
ତମେ ତ ଓଲଟା ବୁଝେଇବ ମତେ
ଦେଖ ଏଇ ଆମର ଦୁନିଆ -
ଏସିଆ, ରେଭେନ୍ସା, ଭଦ୍ରକ,
କାଠଯୋଡ଼ି, ରେଙ୍ଗାଲି, ଦିବ୍ରୁଗଡ଼,
ଦାର୍ଜିଲିଂ (ଯିଏ ଆସାମରେ ନାହିଁ),
ଅରୁଣାଚଳ ପ୍ରଦେଶ...

ହେଲା, ସବୁ ହେଲା। ମତେ ଖାଲି
ଏତିକି କୁହ ତ,
କୋଉଠି ତମେ ବର୍ତ୍ତମାନ ?
କୋଉ ଦିଗରେ
କେତେ ଦୂରରେ ମୋ'ଠୁଁ ?

ଆଚ୍ଛା ଏମିତି ହେଇପାରନ୍ତାନି
କି ତମେ ଚାଲି ଆସନ୍ତ ମୋ ଯାଏଁ
(ତମର ତ ଭଲ ହୁଏ ଭୂଗୋଳ ନା)
ଆଉ ଆମେ ଏକାଠି ଯାଆନ୍ତେ ଦି'ଜଣ
ସେ ବୁଢ଼ୀ ପାଖକୁ ?

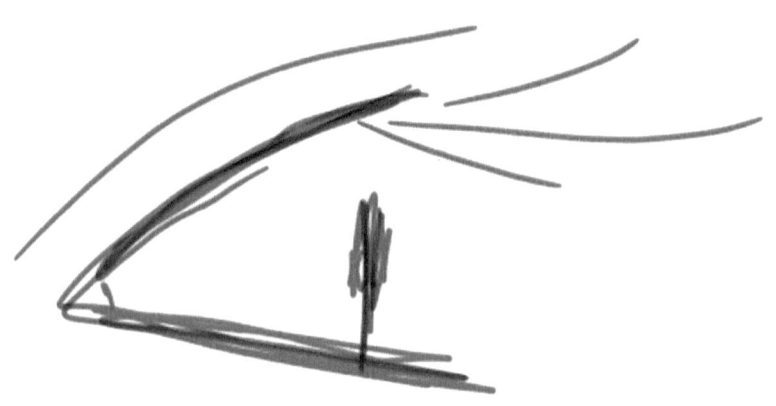

# କବିଟିଏ ମରିଗଲା ପରେ (୧)

ବେଶୀ କିଛି ହୁଏନାହିଁ।

ଆଗ ପରି ଝରୁଥାଏ ଆକାଶରୁ
ଲଘୁଚାପ ବର୍ଷା, ଆଗ ପରି ରାସ୍ତାଘାଟ,
ଘୋ-ଘା' ବଜାରରେ,
ଆଲୁଅକୁ ମୁହଁ କରି ଠିଆ ହେଲେ
ଏବେ ବି କାଟେ ଆଖିକି,
ଠିକ୍ ଆଗ ପରି ବେଳେବେଳେ ଭୁଲିଯାଏ ଜଣେ
ନିଜର ଠିକଣା, ଦ୍ୱିତୀୟ ଗଳିରେ ନଯାଇ
ଚାଲିଯାଏ ତିନି ନମ୍ବରରେ।

ଆଗପରି ଚାଲିଥାଏ ଚେଷ୍ଟା ଯେତେ
ଜିଇଁବାର, ଆଗପରି ଆଇନା ଆଗରେ
ଠିଆହେଇ ଖୋଜିଚାଲେ ନିଜ ମୁହଁ ଜଣେ,
ବଢ଼ିଚାଲେ ପେଟ୍ରୋଲ୍ ଦର ଆଗପରି,
ସରିଯାଏ ଖରାଛୁଟି,
ଶୁଖିଆସେ ମାଟି ତଳୁ ପାଣି...
କିଛି ବି ବଦଳେ ନାହିଁ
ଆମ ଏଇ ଦୁନିଆରେ
କବିଟିଏ ମରିଗଲା ପରେ।

'ଗୋଟେ ଅଧେ ଶୋକସଭା,
ଦି'ଚାରିଟା ଶ୍ରଦ୍ଧାଞ୍ଜଳି ପ୍ରାୟ ଲେଖା,
ଖୁବ୍ ବେଶୀ ହେଲେ ସେ କବିର
ଗୋଟେ ଦି'ଟା ପୁରୁଣା କବିତା,
ଏତିକି ଯଥେଷ୍ଟ ହୁଏ
କବିଟିକୁ ଭୁଲିଯିବା ପାଇଁ?' -
କିଛି ବି ମାନେ ନଥାଏ
ଏମିତିକା ପ୍ରଶ୍ନ ସବୁର।

ବେଶୀ କିଛି ହୁଏନାହିଁ ଆମ ଏଇ ଦୁନିଆରେ
କବିଟିଏ
ମରିଗଲା ପରେ...
ବୋଧହୁଏ ଦୁନିଆକୁ ଠିକ୍ ଜଣାଥାଏ
କବି କେବେ ମରେନାହିଁ,
ମରିପାରେ ନାହିଁ,
କବି ପୁଣି ଫେରି ଆସେ

ଠିକ୍ ଆଗ ପରି
ଆମ ସବୁ ରୁଟିନ୍‌କୁ ଅସ୍ୱୀକାର କରି,
କବି ପୁଣି ଠିଆହେଇ ଦୁନିଆର
ଯେତେସବୁ ଆଲୁଅ ଆଗରେ
ଖୋଜେ ନିଜ ମୁହଁ,
କବି ଖାଲି ବାଟ ଭୁଲି ଚାଲିଯାଇଥାଏ
ଦ୍ୱିତୀୟ ବଦଳେ ତୃତୀୟ ଗଳିରେ,
କବି ଖାଲି ମିଶିଯାଇଥାଏ
ଆମ ସବୁ ପୂର୍ଣ୍ଣଚ୍ଛେଦ ପରେ ବି
ବଳିପଡୁଥିବା ଅସରନ୍ତି ନୀରବତାରେ।

# ବ୍ରେକିଂ ନ୍ୟୁଜ୍

ତମର ଧାରଣା ଭୁଲ୍
ଯେ ସୂର୍ଯ୍ୟ ପୁଣି ଉଇଁଚି ପୂର୍ବରେ ଆଜି
ଅନ୍ୟ ସବୁ ଦିନ ପରି,
ଅନ୍ୟ ସବୁ ଦିନ ପରି ପିଲାମାନେ ଯାଉଚନ୍ତି ସ୍କୁଲ୍
କାନ୍ଧରେ ପକେଇ ପଥରର ବୋଝ,
ଅନ୍ୟ ସବୁ ଦିନ ପରି ତମ ଉଠିବା ଆଗରୁ
କେହି ଜଣେ ଓଳେଇ ଦେଇଯାଇଚି ରାଜପଥ,
ସଫା କରିଦେଇଚି ଗଲାରାତିର ତମର
ସବୁ କୁକର୍ମର ଦାଗ।

ଆଜିର ସକାଳ ଅନ୍ୟ ସବୁ ସକାଳ ପରି ନୁହେଁ ଜମା,
ଆଜି ଖବରକାଗଜରେ ଆଦୌ ଶିରୋନାମା ନାହିଁ,
ଖାଲି ଯାହା ଷୋହଳଟି ଖାଲି ପୃଷ୍ଠା,
ତାକୁ ଲେଉଟାଉ ଲେଉଟାଉ
ଚା' ପିଇବାକୁ ଚେଷ୍ଟା କରିପାର ତମେ
କିନ୍ତୁ ତମର ଧାରଣା ଭୁଲ୍
ଯେ ଏ ଚେଷ୍ଟା ସଫଳ ହବ।

ଆଜି ଟିଭି ଖୋଲିଲେ ଦିଶିବ ନାଇଁ ତମକୁ
ପ୍ରଧାନମନ୍ତ୍ରୀଙ୍କର ହସହସ ମୁହଁ,
ଶୁଭିବ ନାଇଁ ତାଙ୍କର ବନ୍ଦନା

କୌଣସି ବି ନ୍ୟୁଜ୍ ଚ୍ୟାନେଲ୍‌ରେ,
ଆଜି ତମକୁ ମିଳିବ ନାଇଁ ଅବସର
ପ୍ରମାଣିତ କରିବାକୁ ଦେଶପ୍ରେମ ତମର।

ତମେ ମୋ'ର ନିଜଲୋକ ବୋଲି କହୁଚି ତମକୁ,
ଜାଣିରଖ,
ଆଜିର ଦିନଟି ଗଲାକାଲିର ବଳକା କିସ୍ତି ନୁହେଁ ଜମା,
କିଛି ଗୋଟେ ଘଟିଯାଇଚି ଗଲା ରାତିରେ
ତମେ ଶୋଇଥିଲାବେଳେ,
ତମ ସହ
ତମ ଅଜାଣତରେ।

ତମର ଧାରଣା ଭୁଲ୍
ଯେ ତମେ ଏଯାଏଁ ଖବର ପାଇଚି ନାହିଁ।

# କେବେ ଦିନେ ଦେଖାହବ ବୋଲି

ଆଉ ହଠାତ୍ ସବୁ ରହିଯାଏ
କାହିଁକି ନା
ତୋ କଥା ମନେ ପଡ଼େ ଭାରି ।

ହଠାତ୍ ତତେ ଖୋଜେ ମୁଁ
ମୋ ଚାରିକଡ଼େ ଧୀରେ ଧୀରେ ଗହଳ ହଉଥିବା
ଡାଳପତ୍ର ମେଲୁଥିବା ନିରାପତ୍ତାରେ
ଅଣ-ନିଃଶ୍ୱାସୀ ହେଇ,
ମୁଁ ତତେ ଡାକେ
ଅନ୍ୟ କେହି ବି ବାରିପାରୁନଥିବା ଗୋଟେ ସ୍ୱରରେ
ଚିତ୍କାର କରି...
ଆଉ ହଠାତ୍ ଭାରି ମନ ହୁଏ କାନ୍ଦିବାକୁ
କାହିଁକି ନା
ତୋ କଥା ମନେ ପଡ଼େ ଭାରି ।

ମୁଁ ତତେ ଭଲପାଏ
ତୁ ଜାଣୁ ।

ସାରାରାତି ଥରୁଥାଉ ତୁ ନିଦରେ,
ତୋ ସ୍ୱପ୍ନରେ ଯୋଉ ରାକ୍ଷସ ଆସେ
ଆଉ ଏଇ ଏଇ ଉଡ଼ି ଶିଖିଥିବା

ପରୀଟିର ଡେଣା କାଟିଦିଏ, ମୁଁ
ତାକୁ ଜାଣେ ।
ତୋ ଅନ୍ୟମନସ୍କ ଆଖି ଦିନସାରା
ଯୋଉ ଆକାଶକୁ ଖୋଜୁଥାଏ
ମୁଁ ମନେ ମନେ ତା'ର ଗୋଟେ ନକ୍ସା ତିଆରି କରେ,
ଯଦିଓ ମୋ' ନିଜ ଅକ୍ଷାଂଶ ଦ୍ରାଘିମା
ମତେ ଜଣାନଥାଏ ।

ଆଉ ହଠାତ୍ ଭାରି ଖାଲି ଖାଲି ଲାଗେ
ମୋ' ଚାରିକଡ଼ର ଦୁନିଆ, ଅଦରକାରୀ
ଭାରି ଅଦରକାରୀ ଲାଗେ ଏତେ ଏତେ ଘାସର ଗାଲିଚା,
ଏତେ ବଡ଼ ଜହ୍ନରାତି,
ଏତେ ବେଶୀ ନୀରବତା
ସବୁ ଖାଲି ମୋ ଭଳି ଗୋଟେ ଏକୁଟିଆ ଲୋକ ପାଇଁ?
କେତେ ବୋକା ଈଶ୍ୱର ବିଚରା !

ତୁ କଣ ଜାଣୁ
ଯେ ହସିଲା ବେଳେ ତୁ ଦିଶୁ
ଘରେ ମିଛ କହି
କୋଉ ଗୋଟେ କଅଁଳ ସକାଳ ସାଙ୍ଗରେ
ବୁଲିବାକୁ ଆସିଥିବା
ସେଇ ରେଖାଏ ସୂର୍ଯ୍ୟକିରଣ ପରି
ଯାହାକୁ ମୁଁ ଝୁରି ହଉଥାଏ
ସରୁନଥିବା ଗୋଟେ ଶୀତଋତୁରେ ଆକ୍ରାନ୍ତ ସହରରେ,
ଦିଶୁ ପୁଣି ଲୁଚିଯାଉ, କି ମନୋଇ ଝିଅ !

ମୁଁ ଜାଣେ
ତୁ ମତେ ଭଲପାଉ
ଖାସ୍ କରି ସେଇ ସବୁ ଅନ୍ଧାର ରାତିରେ

ଯେବେ ହଠାତ୍ ତୋ'ର ନିଦ ଭାଙ୍ଗିଯାଏ
ଆଉ ତୁ ଚମକି ପଡୁ
କାନ୍ଦକାନ୍ଦ ହୋଇଯାଉ
ନିଜ ହାତରେ ଗୋଟେ
ଶାଣଦିଆ ଛୁରୀ ଦେଖି ।

# ଗୋଟେ ସରିନଥିବା କାହାଣୀ

କୁଆଡ଼େ ଗଲେ ସେମାନେ ?

କଥା ଥିଲା ସେମାନେ ଆସିବେ ଯୁଦ୍ଧ ସବୁ
ସରିଗଲା ପରେ, ଦୂର କୋଉ ସହରରୁ
ଆଣିବେ ସ୍ୱପ୍ନ କିଛି ପୁରୁଣା
ଖବରକାଗଜ କି ନାଲି ନୀଳ ଜରିରେ ଗୁଡ଼େଇ
ଆମ ଭାରୀ ଭାରୀ ଅମାନିଆ ଆଖିପତା ସବୁ ପାଇଁ,
ସେମାନେ ଆସିଲେ ଖୋଜିଦେବେ
ଅବ୍‌ଦୁଲ୍‌ର ହଜିଯାଇଥିବା ଡାହାଣ ପଟକ ଚପଲ
ଆଉ ସେଇ ପଟର ଗୋଡ଼...
କଥା ଥିଲା ।

ଅଥଚ ସେମାନେ ଆସିଲେ ନାଇଁ,
ଅବ୍‌ଦୁଲ୍ ପାଇଁ ଗଢ଼ା ହେଲା ଆଶାବାଡ଼ି
ଏବଂ ଆମେମାନେ ବାଛିନେଲୁ ଯେଝା ଯେଝା
ମନପସନ୍ଦ ରଙ୍ଗର ନିଦବଟିକା...
ଆଶାବାଡ଼ି ତିଆରି କଲା ଯୋଉ କମ୍ପାନୀ,
ନିଦବଟିକା ଦେଇ ଆମକୁ ଉଦ୍ଧାରିଲା ଯୋଉ

କମ୍ପାନୀ...
କମ୍ପାନୀ ବାହାଦୂର ଜିନ୍ଦାବାଦ!
କମ୍ପାନୀ ବାହାଦୂର...

ସେମାନେ ଅଟକି ଗଲେ କି
ବସନ୍ତର ଘର ପାଖେ?
କୋଉଠି ତା ଘର?
ବସନ୍ତ ମହାପାତ୍ର ନୁହଁ ମ, ବସନ୍ତ ଋତୁ...
ଋତୁରାଜ ବସନ୍ତ। ଏମିତି ବି କଥା ଥିଲା ବୋଧେ
ସେମାନେ ସାଥିରେ ଆଣିବେ
ବସନ୍ତର ଚିଠି ଆଉ...
ସେତିକି ଥାଉ।
କହିବସିଲେ ଅନେକ କଥା, କଅଣ
ମିଳିବ ସେଥିରୁ?
କଥା ଥିଲା... କଥା ଥିଲା... କଥା ଥିଲା...
କଥା ହେଲା,
ସେମାନେ ଆସିଲେ ନାଇଁ।

ସେମାନେ କେହି ଆସିଲେ ନାଇଁ,
ଯଦିଓ ଅପେକ୍ଷା କରିଥିଲୁ ଅନେକ ସମୟ ଆମେ,
ଅପେକ୍ଷା କରିଥିଲେ
ସେମାନଙ୍କ ମାଆମାନେ
(ମାଆ ଥିଲେ ଯୋଉମାନଙ୍କର),
ସେମାନଙ୍କ ପ୍ରେମିକ-ପ୍ରେମିକାମାନେ
(ଯଦିଓ ସେମାନେ ଚିହ୍ନା ଦଉନଥିଲେ),
ସେମାନଙ୍କ ଏଯାଏଁ ଜନ୍ମ ହେଇନଥିବା ଛୁଆମାନେ
(ଯୋଉମାନେ ଆଉ ଜନ୍ମ ହେବେନି)...

ଏଥିରେ ଦୁଃଖ କରିବାର କିଛି ନାହିଁ କିନ୍ତୁ...
କେବେ ଦିନେ ସେମାନେ ଫେରିବେ ନିଶ୍ଚୟ
ରାତିବେଳା।
ଶେଷ ବସ୍ ଚଢ଼ି...
ନିଆଁ ଜଳେଇ ରଖିବାକୁ ହବ ଚୁଲିରେ ସେଯାଏଁ,
ଆଉ ଯଦି ଚୁଲି ନାହିଁ ତାହେଲେ
ଛାତିରେ।

# ଆଇନାରେ ନିଜ ମୁହଁ

ଡରୁଆ ଲୋକଟା ଆଇନାରେ ନିଜକୁ ଦେଖେ।

ସାରା ଜୀବନ ଡରିଆସିବା କିଛି ଛୋଟ କଥା ନୁହଁ,
ଲୋକଟା ନିଜକୁ ବୁଝେଇବାକୁ ଚେଷ୍ଟା କରେ।

ଛୋଟ କଥା ନୁହଁ ଜମା
ଇନ୍ଦ୍ରଧନୁ ଆକାଶରେ ଫୁଟିଥିଲା ବେଳେ
ଝରକା ବନ୍ଦ କରିଦେଇ
ପର୍ନ୍ ଦେଖିବା। ଛୋଟ
କଥା ନୁହଁ ଜମା ନିଜକୁ ଝୁଲେଇଦବା
ସାର୍ଟ, ପ୍ୟାଣ୍ଟ୍ ଆଉ ଅଣ୍ଡର୍‌ୱେର୍ ସାଙ୍ଗରେ ହ୍ୟାଙ୍ଗର୍‌ରୁ।

'ଦୁନିଆରେ ଯାହା ହେଲା ହେଲା,
ଆମର କି ଯାଏ ?', ଡରୁଆ ଲୋକଟା କହେ
ଆଇନାରେ ନିଜ ପ୍ରତିବିମ୍ବକୁ,
'ଆମେ ତ ସବୁବେଳେ ହସିଆସିଚେ
ଦୁନିଆ ଆଗରେ, ଆଉ
କାନ୍ଦିଚେ କବାଟ ବନ୍ଦ କରି।
ଆଜି କୋଉ ନୂଆ ଯେ!'

ବେଳେବେଳେ ଡରୁଆ ଲୋକଟା
ଆଉ ଟିକେ ଡରିଯାଏ,

ଯେତେବେଳେ ପାଲଟା ଉତ୍ତର ଦିଏ
ଆଇନା ଭିତରୁ ପ୍ରତିବିମ୍ବ କିମ୍ବା
ହଠାତ୍ ଦିଶେନାଇଁ ଆଉ !

ଡରୁଆ ଲୋକଟା ସ୍ୱପ୍ନ ଦେଖେ,
ପୋଲଟାଏ ଥାଏ ତା ସ୍ୱପ୍ନରେ,
ଆରପାଖେ ଘରଟାଏ ଦିଶେ
ପଛପଟେ ଗୋଟେ ଦିଟା ଗଛ
ଆଉ ଝାପ୍‌ସା ଆକାଶ ,
ସନ୍ଧ୍ୟାବେଳ,
ହଠାତ୍ କିନ୍ତୁ ଭୁଶୁଡ଼ିବାକୁ ଲାଗେ ପୋଲ
ଆଉ ଅଧା ଭୁଶୁଡ଼ିଲା ପରେ
ମିଳେଇ ଯାଏ ପବନରେ...

ସ୍ୱପ୍ନ କିନ୍ତୁ ତଥାପି ସରେନି,
ରାତି ହୁଏ,
ଖାଲି ଯାହା ନିଃଶବ୍ଦତା ଶୁଭେ,
ଡରୁଆ ଲୋକଟା ଚେଷ୍ଟା କରେ
ଅନ୍ଧାର ଭିତରେ ନକ୍‌ସା ଠଉରେଇବାକୁ
ତା' ଘରର ।

ଏମିତି ସମୟ ଆସେ
ଡରୁଆ ଲୋକଟା ଭୁଲିଯାଇଥାଏ
ଯେ ସିଏ ସ୍ୱପ୍ନ ଦେଖୁଚି ବୋଲି,
ଭୁଲିଯାଇଥାଏ ଯେ ସିଏ
ସ୍ୱପ୍ନରେ ଅନ୍ଧାର ଦେଖୁଚି
ଗୋଟେ ସରୁନଥିବା ରାତିର,
ତାକୁ ଲାଗେ ସିଏ
ଆଇନା ଦେଖୁଚି ।

# ଦୁନିଆ

ଲୁହ ଯେବେ ଝରେ ତା'ର ହସୁଥାଏ ଦୁନିଆ
ତଥାପି ସେ ଭାବେ ତାକୁ ଭଲପାଏ ଦୁନିଆ

ସାରାରାତି ଡରେ ସିଏ ଛାଇ ଦେଖି ନିଜର
ସକାଳକୁ ମିଛ କହେ ପଚାରିଲେ ଦୁନିଆ

ଡାକିଡାକି ଦିନ ସରେ କେବେ ବି ସେ ଆସେନି
'ଆସିବନି କେବେ ସିଏ', ହସି କହେ ଦୁନିଆ

ବୁଝିବାର କିଛି ନାହିଁ ସବୁ ଖେଳ ସରିଚି
କାଲିର ଖେଳକୁ ପୁଣି ଖେଳୁଥାଏ ଦୁନିଆ

ଏପଟେ ଜୀବନ ଡାକେ ହାତଠାରି ପଦାକୁ
ଝରକା କବାଟ ସବୁ କିଳିଦିଏ ଦୁନିଆ

ସବୁ ଲୁହ ଝରିଗଲେ ବଳକା ଯେ କୋହରେ
ନିଖିଳ କବିତା ଲେଖେ ଶୋଇଥାଏ ଦୁନିଆ

# ଅବଧାରିତ

ଜାଣେ, ତତେ ଦିନେ ହଜେଇଦେବି ମୁଁ।

ତା'ପରେ ଯିବି ହୁଏତ ସମୁଦ୍ର କୂଳକୁ,
ଦେଖିବି ମୋ' ଆଡ଼କୁ ମାଡ଼ି ଆସୁଥିବା
ଢେଉ ସବୁଙ୍କୁ ସନ୍ଦେହୀ ଆଖିରେ,
ତୋ ନାଁ ଲେଖିବି ବାଲିରେ,
ଯଦିଓ ମୋ ଅକ୍ଷର ତେଢ଼ାମେଢ଼ା,
ଯଦିଓ ମୁଁ ଜାଣେ
ଏସବୁର କିଛି ମାନେ ନାହିଁ।

ଜାଣିଚୁ, କେତେ ଢେଉ ଭାଙ୍ଗିଯାଆନ୍ତି ଏଠି
କୂଳରେ ପହଞ୍ଚି ପାରିବା ପୂର୍ବରୁ ? !

ତତଲା ବାଲି ଉପରେ ବୁଲିବୁଲି ଶଙ୍ଖ ବିକୁଥିବା
ପିଲାଟି ଦିଶିବ ମତେ ଆର୍.କେ.ପୁରମ୍‌ରେ
ଫୁଲ ବିକୁଥିବା ପିଲା ପରି। ହୁଏତ ମୁଁ
ପାଖକୁ ଡାକିବି ତାକୁ, ପଚାରିବି ଦାମ୍ କେତେ,
କିଣିବାର କୌଣସି ଉଦ୍ଦେଶ୍ୟ ନ ଥାଇ।
ନୀଳ ରଙ୍ଗର ସେ ଫୁଲଟି, ହଁ, ଅର୍କିଡ୍,
ସେଇଟି ନଥିବ ଯା ପାଖରେ, ଯୋଉଟି
ଦିନେ କିଣି ଦେଇଥିଲି ତତେ, ମନେ ଅଛି ?

ଜାଣେ ହଜେଇ ଦେବି ତତେ ଦିନେ,
ଠିକ୍ ଯେମିତି ହଜେଇ ଦେଇଥିଲି
ଗଲାବର୍ଷ ଅକ୍ଟୋବର ମାସରେ
ତୁ ଦେଇଥିବା ଛତିଆନା ଫୁଲଟିକୁ।

ଏବଂ ହଠାତ୍ ଉଭେଇଯିବ ସେ ପିଲା
ମୁରୁକି ହସିଦେଇ, ପବନରେ ମିଳେଇ ଯିବ।
ପବନରେ ମିଳେଇ ଯିବେ ବେଳାଭୂଇଁ ଛାତି ଉପରୁ
ସବୁତକ ଉଠାଦୋକାନ, ବିରକ୍ତିକର ସ୍ୱରରେ
କାନ୍ଦୁଥିବା ସବୁ ଛୋଟପିଲା, ପାଣି ଭିତରେ
କୁଦାକୁଦି କରୁଥିବା ଯୋଡ଼ି ଯେତେ, ବିକଳ ଆଖିରେ
ସମୁଦ୍ରକୁ ଦୂରରୁ ଦେଖୁଥିବା ବୁଢ଼ାବୁଢ଼ୀ
ଏବଂ ବେଳାଭୂମି ନିଜେ, ପବନରେ
ମିଳେଇ ଯିବ ସବୁ।

ସବୁ କିଛି।
ଖାଲି ସେ ଛତିଆନା ଫୁଲର ବାସ୍ନା ବ୍ୟତୀତ।

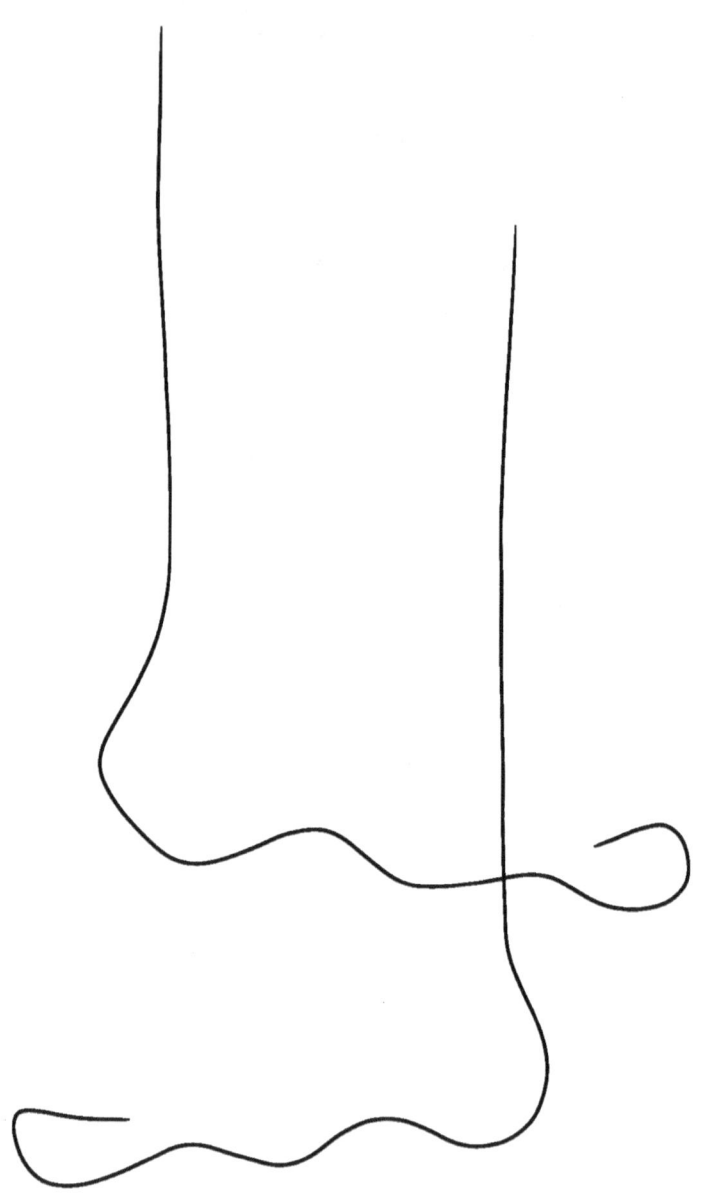

## ଅବଶ୍ୟ ଏକଥା ଅଲଗା

ବେଳେବେଳେ ଏମିତି ଲାଗେ
ଯେ ତାକୁ ଭଲପାଇବା ବ୍ୟତୀତ
ଆଉ କିଛି ବାଟ ନାହିଁ,
ନ ଚାହିଁଲେ ବି
ଆଜିକାଲି ଫେରିଆସେ ତା'ରି ପାଖକୁ।

ଯେମିତି ଫେରିଆସେ ବସାକୁ ଚଢ଼େଇ,
ବାଦଲକୁ ଟୋପା ଟୋପା ପାଣି,
ଯେମିତି ଫେରିଆସନ୍ତି କଟକକୁ ଦେବଦାସ ଛୋଟରାୟ,
ଫେରିଆସେ ଯେମିତି
ଅକ୍ଟୋବର ମାସରେ
ସନ୍ଧ୍ୟାସବୁ ଭିତରକୁ ଛତିଆନାର ବାସ୍ନା,
ରାତିସବୁ ଭିତରକୁ କାକର ସାଙ୍ଗରେ ଏକାଏକାପଣ।

ମୋ ନୀରବତାର ବ୍ୟାକରଣକୁ,
ମୋ ଅନୁପସ୍ଥିତ ଲୁହର ଘନତାକୁ,
ମୋ ଆଖିର ଡବଡବ ଶୂନ୍ୟତାରେ
ତା' ପାଇଁ, ଖାସ୍ ତା' ପାଇଁ ସଞ୍ଚିଥିବା
ଭଲପାଇବାକୁ, ସେ କଣ ବୁଝେ ?

ସେ କଣ ଦେଖିପାରେ
ତା' ପାଇଁ ସକାଳ ପାଖରୁ ଧାର୍ ନିଏ ମୁଁ
କାଣିଚାଏ ଆଲୁଅ,
ଆଉ ଚେଷ୍ଟା କରେ ତା' ଅନିଦ୍ରା ରାତିର
ଅନ୍ଧାର ଉପରେ ଆଙ୍କିବାକୁ ଚିତ୍ରଟିଏ ତା'ର।
ଅବଶ୍ୟ ଏକଥା ଅଲଗା -
ଯେ ମତେ ଜମା ଚିତ୍ର ଆଙ୍କି ଆସେନାଇଁ,
ଅବଶ୍ୟ ଏକଥା ଅଲଗା -
ଯେ ବୋହିଯାଇଥାଏ
ଆଲୁଅ ମୋ ଆଙ୍ଗୁଳିରୁ
ତା' ପାଖରେ ପହଞ୍ଚୁ ପହଞ୍ଚୁ।

ସେ କଣ ଜାଣେ, ମୋ'ର
ସବୁ ସତ, ସବୁ ମିଛ, ସବୁ କଳ୍ପନା ବାହାରେ
ଆଜିକାଲି ସେ ମତେ ବେଶୀ ବେଶୀ ଦିଶେ,
ଦିଶେ ଆଉ ଡାକେ ମତେ ହାତ ଠାରି
ତା'ରି ପାଖକୁ, ଯେମିତି
ପବନରେ ଆଙ୍କାମାଙ୍କା ହଳଦିଆ ଝରାପତ୍ରଟିକୁ
ଡାକେ ମାଟି, ଯେମିତି ମାଟି ଉପରେ
ଇଡ଼ିଯାଇ ଏଣେ ତେଣେ ବହିଯାଉଥିବା
ନଈକୁ ଡାକେ ମୁହାଣ ପାଖର ଶାନ୍ତ ସମୁଦ୍ର,
ଯେମିତି କିଟିକିଟି ଅନ୍ଧାର ରାତିରେ
ସମୁଦ୍ର ମଝିରେ ଦୋହଲୁଥିବା ଡଙ୍ଗାକୁ
ଡାକେ ବତୀଘରର ଆଲୁଅ।

ସେ କଣ ଜାଣେ,
ଆଜିକାଲି ଅନ୍ଧାରଠୁ ଅଧିକା ଡରେ ମୁଁ
ଏକା ରହିବାକୁ।

# ଆସିନଥିବା ଗୋଟେ ଚିଠିର କିୟଦଂଶ

ଏ ଦିନ ସବୁ, ଦିନ ନୁହଁନ୍ତି ଜମା।

ଭାବିନିଅ ଯେ ଏ ଦିନସବୁ
ଅସରନ୍ତି ଅନିଦ୍ରା ରାତିଟିଏ, ଭାବିନିଅ ଯେ
ମୋ ସହ ଦେଖା, ମିଳାମିଶା, ହସଖୁସି ଆଉ ପ୍ରେମ
କେଇଟି ମୁହୂର୍ତ୍ତ ପାଇଁ ଆଖି ଲାଗିଯିବା ଯାହା,
ଭାବିନିଅ ଯେ ସୁନ୍ଦର ହେଲେ ବି
ସରିଯାଉଥିବା ସ୍ୱପ୍ନଟିଏ ମୁଁ
ଏଇ କେଇଟି ଆଖି ଲାଗିଯିବା ମୁହୂର୍ତ୍ତରେ,
ଭାବିନିଅ ଆଉ ପାହାନ୍ତିଆ ପହରୁ ଉଠି
ଭୁଲିଯାଅ ମତେ।

ମତେ ଲେଖିବାକୁ ଚେଷ୍ଟା କରନି
କବିତାରେ କି ଗପରେ, ଧରି ରଖିବାକୁ
ଚେଷ୍ଟା କରନି ପେନ୍‌ସିଲ୍ କି ତୂଳୀ ମୂନରେ,
ତମକୁ ତ ସେମିତି ବି ଚିତ୍ର-ଫିତ୍ର ଆସେନାଇଁ!

ଭାବିନିଅ ଯେ ମୁଁ ଖାଲି ତମ ଗଲାରାତିର
ବହଳିଆ ଅନ୍ଧାରର ଗାଲିଚା ଉପରେ
କେଇ ଟୋପା କାକର,
ସକାଳୁ ସକାଳୁ ଯୋଉ ସୂର୍ଯ୍ୟକିରଣ ଆସିବ

ତମ ଝରକା ଫାଙ୍କ ଦେଇ ଆଉ ମୁହଁରେ ତମର
ତିଆରି କରିବ ଖରା ଆଉ ଛାଇର ଜ୍ୟାମିତିକ ଚିତ୍ର ସବୁ,
ସେଥିରେ ମୁଁ ନଥିବି। ମୁଁ ନଥିବି ଧୀମା ତମ ଅଳସ ଭାଙ୍ଗିବାରେ,
ନଥିବି ତମ ଗୋଲଡ୍ ଫ୍ଲେକ୍ ଆଉ ଚା'ର ଧୂଆଁରେ, ନଥିବି
କିଛି ଗୋଟେ ଖୋଜୁଥିବା ପରି ଅନ୍ୟମନସ୍କତାରେ ତମର,
ନଥିବି କାନ୍ଧର ବୋଝରେ ନଇଁଯାଇଥିବା ସ୍କୁଲପିଲାର
ମେରୁଦଣ୍ଡ ପ୍ରତି ତମ ସମବେଦନାରେ, ନଥିବି ମୁଁ
ଅଣଓସାରିଆ ଗହଳି ରାସ୍ତା ସେପଟେ ଠିଆହେଇ
ସିଗ୍‌ନାଲ୍‌କୁ ଚାହୁଁଥିବା ତମ ଆତୁର ଆଖିରେ, ନଥିବି ମୁଁ...
ଛାଡ଼! ନଥିବି ମୁଁ। ବୁଝୁଚ ତ?

ତମେ ଯଦି ବୁଲିଯାଅ କୁତୁବ୍ ମୀନାର କି ତାଜମହଲ,
ନଥିବି ମୁଁ। ତମେ ଯଦି ହଜ୍ ଖାସ୍‌ରେ ମାଜେଣ୍ଟା ଲାଇନ୍ ଛାଡ଼ି
ୟେଲୋ ଲାଇନ୍ ଧର କି ମାଜେଣ୍ଟା ଲାଇନ୍‌ରେ ହିଁ ବସି
ଚାଲିଯାଅ
ନାଁ ମନେନଥିବା ଶେଷ ମେଟ୍ରୋ ଷ୍ଟେସନ୍ ଯାଏଁ, ନଥିବି ମୁଁ।
ତମେ ଯଦି
କୁଆଡ଼େ ନଯାଇ ବସିରୁହ ନିଜ ଓଜନିଆ ଏକାକୀପଣକୁ ନେଇ,
ନଥିବି ମୁଁ। ତମେ ଯଦି ବେସୁରା କଣ୍ଠରେ ଗାଅ
ଜଗ୍‌ଜିତ୍ ଆଉ ଚିତ୍ରାଙ୍କର ଗୀତ, 'କିଆ ହେ ପ୍ୟାର୍ ଜିସେ
ହମ୍ ନେ ଜିନ୍ଦଗୀ କୀ ତରହ, ୱ ଆଶ୍‌ନା ଭୀ ମିଲା ହମ୍‌ସେ
ଅଜ୍‌ନବୀ କୀ ତରହ', ନଥିବି ମୁଁ ଶୁଣିବାକୁ।

ନଥିବି ମୁଁ ତମ ଅନିଦ୍ରା ରାତିମାନଙ୍କରେ କଡ଼ରେ ତମର,
ଶୋଇନଥିବି ଶାନ୍ତିରେ ଯେ ତମେ ଦେଖିବ ମୁରୁକି ହସିଦେବ,
ଆଉଁସି ଦେବିନି ମୁଣ୍ଡ ଯେ ଶୋଇପଡ଼ିବ ତମେ,
ନଥିବି ମୁଁ।

ଦେଖ, ଏ ଚିଠିକୁ ସାରିବାର କିଛି ବାଟ ନାହିଁ,
ଏ ଏମିତି ଲମ୍ବିଥିବ ତମ ଅନିଦ୍ରା ରାତି ଯେମିତି,
ଖାଲି ଏତିକି କଥା, ଯେ କେବେ ଦିନେ ସରିଯିବ ଏ ରାତି,
(ମୁଁ ଜାଣିନି ସରିବ କି ନାଇଁ)
ଅନ୍ତତଃ ଏଇଆ ସାନ୍ତ୍ୱନା ଦିଅ ନିଜକୁ
ଆଉ ମତେ ଭୁଲିଯାଅ।

# ଅନୁପସ୍ଥିତିର ବ୍ୟାକରଣ

ସନ୍ଧ୍ୟାବେଳେ ତୋ କଥା ବେଶୀ ମନେପଡ଼େ ।

ଯେତେବେଳେ ଘଣ୍ଟ ବାଜେ ଦୂରରେ କୋଉଠି,
ଯେତେବେଳେ ଚଢ଼େଇମାନଙ୍କ କିଚିରିମିଚିରି
ପ୍ରାୟ ଗୋଟେ ଷଡ଼ଯନ୍ତ୍ର ପରି ଲାଗେ ମୋ' ବିରୁଦ୍ଧରେ
ଆଉ ଏକୁଟିଆ ଚଢ଼େଇଟେ ଯିଏ
ମତେ ରକ୍ଷା କରିପାରିଥାନ୍ତା, ମୋ'ଠାରୁ ଦୂରକୁ ଉଡ଼ିଯାଏ
ବୁଡ଼ିଯାଏ ଆକାଶର ଅନ୍ଧାରୀ ଦୁଆତରେ, ସେତେବେଳେ
ତୋ କଥା ଭାରି ମନେପଡ଼େ।

ତୁ ଥିଲେ ହୁଏତ ଶୁଣେଇଥାନ୍ତୁ ଭଲକି ଦି'ପଦ
ଏ ବଦ୍‌ମାସ୍ ଚଢ଼େଇମାନଙ୍କୁ, ତୁ ଥିଲେ
ହୁଏତ ସେମାନେ ସୁନାପିଲା ପରି ଚୁପ୍‌ଚାପ୍
ଫେରିଯାଇଥାନ୍ତେ ବସାକୁ, ତୁ ଥିଲେ ହୁଏତ
ଜହ୍ନ ଏମିତି ହଠାତ୍ ଲିଭିଯାଇନଥାନ୍ତା ଯେମିତି
ହେଇ ଲିଭିଗଲା !

ତତେ ଭୁଲିଗଲେ ଭଲ।
ଜହ୍ନ ଲିଭିଗଲେ ବା ଅନ୍ୟ କିଛି ଦୁର୍ବିପାକ ହେଲେ
ଭାଗ୍ୟକୁ ଦୋଷ ଦେଇ କବାଟ କିଳି ଶୋଇପଡ଼ିବା ଭଲ,
କିଏ କହିବ ତୁ ନିଜେ ଫୁଙ୍କି ଦେଇନୁ ଜହ୍ନକୁ

ଫୁ' କରି,
ତୁ ନିଜେ ଫୁସୁଲେଇ ନାହୁଁ ଚଢ଼େଇମାନଙ୍କୁ,
ତୁ ନିଜେ ପିଟୁନାହୁଁ ଘଣ୍ଟ ବା ସେଇଭଳି କିଛି
ଦୂରରେ କୋଉଠି, ସନ୍ଧ୍ୟାବେଳଟାରେ ତତେ
ବେଶୀ ବେଶୀ ଏକାକୀ ଲାଗୁଚି ବୋଲି !

## ଭଲଦିନ

ଭଲଦିନମାନଙ୍କର ଗୋଟିଏ ଖରାପ ଗୁଣ ଥାଏ,
ସେମାନେ ସରିଯାଆନ୍ତି ଦିନେ ।

ଯେମିତି ସରିଯାଏ ଗଙ୍ଗଶିଉଳିରୁ ବାସ୍ନା, ରଙ୍ଗ, ସତେଜତା,
ରାତିରୁ ନିଦ,
ନିଦରୁ ସ୍ୱପ୍ନ,
ଆଉ ସ୍ୱପ୍ନରୁ ତୁ ।

ଆମେ ତ ଜାଣିଥିଲେ ଦିହେଁ
ଦିନେ ସରିଯିବେ ଏ ଦିନ ସବୁ,
ଦିନେ ପାହିବ ନାହିଁ ଏକାକୀତ୍ୱର ରାତି
କି ଉଇଁବୁ ନାହିଁ ମୋ ଆକାଶରେ ତୁ,
ତୋ ଆକାଶରେ ମୁଁ, ଦିନେ
ଚିହ୍ନିପାରିବୁନି ତୁ ମତେ,
ଦିନେ ଭୁଲିଯିବି ମୁଁ ତତେ,
ଜାଣିନଥିଲେ କି ଆମେ ?

ଏବଂ ଭଲଦିନ ସବୁ ସରିଗଲା ପରେ ବି
ରହିବ ସମୟ,
ରହିବ ଏ ଦୁନିଆ,
ରହିବୁ ବି ତୁ ସେ ଦୁନିଆରେ

ଆଉ ମୁଁ ବି...
ଅନ୍ୟ କୋଉ ଦୁନିଆରେ।

ତଥାପି ତ ପ୍ରେମରେ ପଡ଼ିଲେ ଆମେ,
କେଇଟି ମୁହୂର୍ତ୍ତ ପାଇଁ ପଛେ ହେଉ,
ସମୟ ତ ଖସିପାରିଲା ନାହିଁ ତୋ ହାତ ଆଉ ମୋ ହାତର
ଯୋଡ଼ାତାଲା ପଡ଼ିଥିବା ଜେଲ୍‌ଖାନାରୁ,
ଖସିଯାଇ ମିଳେଇ ପାରିଲା ନାହିଁ
ନିତିଦିନର ବୋରିଂ ରୁଟିନ୍‌ରେ ଆମର,
କେଇଟି ମୁହୂର୍ତ୍ତ ପାଇଁ ପଛେ ହେଉ,
ଚାଲାକ୍ ଈଶ୍ୱରଙ୍କୁ ତ ଠକିଦେଇପାରିଲେ ଆମେ।

ତା'ପରେ ଯେ ଢେଉ ପୁଣି ଫେରିଯିବ ସମୁଦ୍ରକୁ,
ତା'ପରେ ଯେ ଈଶ୍ୱରଙ୍କ ଗୋଟିଏ ଗୋଟିରେ ଟଳିପଡ଼ିବେ
ଆମ ରାଜା ଆଉ ରାଣୀ, ତା'ପରେ ଯେ
ଗୋଟିଏ ପୂରା ଦୁନିଆ ଭାଙ୍ଗି ତିଆରି ହବ
ଦିଇଟା ଅଧା ଦୁନିଆ ଯାହାକୁ
ପୂରା କରିବାରେ ହିଁ ବିତିଯିବ ଦିଇଟି ଅଧା ଜୀବନ,
ସବୁ ତ ଜଣାଥିଲା ତତେ, ଜଣାଥିଲା ମତେ।

ଭଲଦିନମାନଙ୍କର ଆହୁରି ଗୋଟିଏ ଖରାପ ଗୁଣ ଥାଏ,
ସେମାନେ ଏତେ ପାଖକୁ ଆସି ବି
ଏତେ ନିଜର ହେଇ ବି
ଥରେ ବି କହନ୍ତି ନାଇଁ କାନ ପାଖରେ
ଯେ ସେମାନେ ସରିଯିବେ ଦିନେ।

# ଏକ ନିଃସଙ୍ଗ ମୋଜା ବିଷୟରେ

ଗୋଟେ କଣରେ ଏକୁଟିଆ ପଡ଼ିଥାଏ ସେ
କେଜାଣି କୋଉ କାଳରୁ,
ପ୍ରାୟ ଅନ୍ଧାରୁଆ ଏଇ ବଖରାରେ।

କେବେଠୁ ହଜିଯାଇଥାଏ ତା' ସାଥୀ ଜଣକ,
ଅଥଚ କୌଣସି କାହାଣୀରେ କୁହାହୁଏନାଇଁ
ତା'ର ଝୁରିମରିବା,
କି କୌଣସି କବିତାରେ ଲେଖାହୁଏନାଇଁ
କେମିତି ସମସ୍ତେ ଶୋଇଗଲା ପରେ
ସିଏ ଚେଷ୍ଟା କରେ ନିଜ ଜାଗାରୁ ଉଠି
ଖୋଜିଯିବାକୁ ତା' ସାଥୀକୁ।
କବିଏଁ ସଫେଇ ଦିଅନ୍ତି,
'ଏତେ ମ୍ୟାଜିକ୍ ହୁଏନାଇଁ ମ' କବିତାରେ!'

ଯଦି କେବେ କୋଉ କବିତାରେ
ବାଉଳାରେ କବିଏଁ ଲେଖିଦିଅନ୍ତି ତା' କଥା
ତାହେଲେ ଲେଖନ୍ତି ତା' ମଳିଚିଆ ଦେହ ବିଷୟରେ,
ସେ ଦେହର ଫୁର୍କୁଟିଆ ଗନ୍ଧ ବିଷୟରେ,
ଅଥଚ କେହି ଲେଖନ୍ତି ନାଇଁ
ତା' ଏକୁଟିଆପଣ କଥା,
ଲେଖନ୍ତି ବି ନାଇଁ କେହି

ତା' ମୁନିବର ଦାୟିତ୍ୱହୀନତା ବିଷୟରେ
ଯିଏ ଶାନ୍ତିରେ ଶୋଇପାରେ,
ଗୋଟେ ପୂର୍ଣ୍ଣ ଦୁନିଆକୁ
ଦି'ଭାଗ କରି ଫିଙ୍ଗିଦେଲାପରେ।

ଦିନେ ନିଶ୍ଚୟ ଏଇଆ ହବ,
ସେ ମୁନିବ ହଠାତ୍ ନିଦରୁ ଉଠିବ
ଆଉ ଅନୁଭବ କରିବ ଯେ
ସେ ପାଲଟିଯାଇଚି ନିଜେ
ନିଃସଙ୍ଗ ମୋଜାଟିଏ,
ସବୁ ଚେଷ୍ଟା ସତ୍ତ୍ୱେ
ଶୁଭିବ ନାଇଁ ଜମା ଚିତ୍କାର ତା'ର,
ତା' ଜାଗାରୁ ହଲିପାରିବନି ସିଏ।

ପ୍ରାୟ ଅନ୍ଧାରୁଆ ଏଇ ବଖରାରେ,
ବେଶୀ ମ୍ୟାଜିକ୍ ହୁଏନାଇଁ ମ' କବିତାରେ।

# କେହି ଜଣେ କେଜାଣି କୋଉଠି

ଏ ସହରୁ ବହୁ ଦୂରେ କେହି ଜଣେ କେଜାଣି କୋଉଠି
ଅଦେଖା ମୋ ସପନରେ କେହି ଜଣେ କେଜାଣି କୋଉଠି

ଏକା ଏକା ଚାଲେ ଯୋଉ ମଣିଷଟି ସକାଳ ଆଶାରେ
ତାକୁ ସାରା ରାତି ଝୁରେ କେହି ଜଣେ କେଜାଣି କୋଉଠି

ହଜିଯାଏ ଚିଠି ଏଠି, ପବନ ବି ବାଟବଣା ହୁଏ
ତଥାପି ଘରକୁ ଫେରେ କେହି ଜଣେ କେଜାଣି କୋଉଠି

କେବେ ତ ଆସିବ ସିଏ, ନହେଲେ ତା' ବାରତା ଆସିବ
ଆଖି ରଖି ଝରକାରେ କେହି ଜଣେ କେଜାଣି କୋଉଠି

ତାରାଙ୍କୁ ଶୁଣାଏ ବସି ସାରାରାତି ଜହ୍ନର କବିତା
ନିଜେ ଟିକେ ଟିକେ ଜଳେ କେହି ଜଣେ କେଜାଣି କୋଉଠି

'ଫେରିଯିବି ଆଜି ସିନା ଆସିବି ମୁଁ ଆଉଥରେ କାଲି !'
ତମ ହୃଦୟ ବାହାରେ କେହି ଜଣେ କେଜାଣି କୋଉଠି

ବାଟ ଜମା ଦିଶେନାଇଁ ଏତେ ଧୂଆଁ ବହଳ କୁହୁଡ଼ି
ନିଖିଳକୁ ହାତ ଠାରେ କେହି ଜଣେ କେଜାଣି କୋଉଠି

# ଅଯୋଗ୍ୟ

ମୁଁ ସିଏ ନୁହେଁ
ଯିଏ ଆସିଲା ମାତ୍ରକେ ଉଷୁମ ଚିଆଁ ଲାଗିଯାଏ
ଛାତିରେ ତମର କି ହଠାତ୍ ପବନ
ବହିବା ଆରମ୍ଭ କରେ ଆଉ ଉଡ଼ନ୍ତି ଶୁଖିଲା ପତ୍ରସବୁ...
କି ବୁଝା ପଡ଼ିଯାଏ ତମକୁ ହଠାତ୍,
ଏତେ ଦିନ ଯାଏ ଅବୁଝା ଥିବା ନେରୁଦାର କବିତାର
କୋଉ ଗୋଟେ ଧାଡ଼ି ଆଉ ତମେ ଭାବ
ଏଇନା ଲେଖିଦବ ବସି
ଜୀବନର ସରଳାର୍ଥ।

ମୁଁ ବରଂ ସେଇ ଶୁଖିଲା ପତ୍ରମାନଙ୍କ ଭିତରୁ କୋଉ ଗୋଟେ
ପତ୍ରର ଶିରାରେ ଶୁଖିଲାପଣର ଶେଷ ଆର୍ଦ୍ରତା ଟିକକ
ଯିଏ ଗୀତ ଗାଏ ସାରାରାତି
କ୍ରମଶଃ କମି ଆସୁଥିବା ରାତିର ଗାଢ଼ପଣ ସହ ତାଳ ଦେଇ,
ସକାଳର ନୀରବତା ଯାଏଁ...
ହଁ, ମୁଁ ସେଇ,
ସେଇ ଯିଏ ସାରାରାତି ବାରମ୍ବାର
ସ୍ୱପ୍ନରେ ଆସେ ତମର - ବିନା ନିମନ୍ତ୍ରଣରେ -
ଆଉ ନଷ୍ଟ କରେ
ଯେତେ ସବୁ ସରଳରୈଖିକ କାହାଣୀ ସଜେଇଥାଅ ତମେ
ସ୍ୱପ୍ନର ମେନୁରେ।

ଦେଖ, ଏଇ ଯୋଉ କାଗଜ ଫର୍ଦକ ଦେଖୁଚ -
ନା, ତମେ ଦେଖିପାରୁନ
କାହିଁକି ନା ତମେ
ପଢୁନ ଏ କବିତା। ବେଶ୍।
ଭୁଲିଯାଅ କାଗଜକୁ। ଏ ଯୋଉ ଶବ୍ଦତକ
କାନରେ ପଡୁଚି ତମର, ଅନିଚ୍ଛା ସତ୍ତ୍ୱେ ବି,
ପଚାର, ପଚାର ଏ ଶବ୍ଦମାନଙ୍କୁ ଜୀବନର ସରଳାର୍ଥ !
ପଚାର ନିଦରୁ ଉଠେଇ ଅଧରାତିରେ ନିଜକୁ -
ଜୀବନ ନାଁରେ କଅଣ ଜିଇଁ ଆସିଲ ବର୍ଷ ପରେ ବର୍ଷ,
ପଚାର ନେରୁଦାର ସେଇ ଧାଡ଼ିକୁ
ଯିଏ ନିଜର ଲାଗିଲା ଏତେ
କୋଉଠି ଥିଲା ସେ,
ବର୍ଷାଦିନେ ରାସ୍ତାକଡ଼େ ମଲା ଗୋଟେ କୁକୁର ଛୁଆର ମା'
ଯେତେବେଳେ ଦଉଡ଼ିଗଲା ବିକଳ ହେଇ
ରାସ୍ତାରେ ଲାଲ୍ ରଙ୍ଗର ସରଳରୈଖିକ ଚିହ୍ନ ପକେଇ
ଅଦୃଶ୍ୟ ହେଇଯାଉଥିବା ସେ କଳା କାର୍ ପଛରେ।
ଆହା, ବିଦୀର୍ଣ୍ଣ ହେଇଗଲା ସେ ସରଳରେଖା ସବୁ
ସେ କୁକୁରୀର ପାଦଚିହ୍ନରେ !

ମୁଁ ସେଇ ଯିଏ କୋଳେଇ ନିଏ ନେରୁଦାର ସେ ଧାଡ଼ିକୁ,
ଲୁହ ପୋଛେ ତା'ର,
ଝାଡ଼ିଝୁଡ଼ି ଦିଏ ତାକୁ, ପଠାଏ ତମ ପାଖକୁ।
ମୁଁ ସେଇ ଯିଏ ଅସହାୟ ହେଇ ବସିରହେ
ସେ ମାଆ କୁକୁର ପାଖରେ ସେଇଠି ସେଇମିତି
ରାସ୍ତାକଡ଼ରେ
ମ୍ୟୁନିସିପାଲିଟିବାଲା ସେ ମଲା କୁକୁରଛୁଆକୁ
ନେଇ କେଜାଣି କୋଉଠି ଫିଙ୍ଗିଦେଲା ପରେ।

ମୁଁ ସେଇ ଯିଏ ସବୁଦିନ ଫେରିଆସେ
ସକାଳୁ ସକାଳୁ ତମ ଦୁଆର ବାହାରୁ
ତମ ଶେଷ ଲୁହ ଟୋପାକର ସମ୍ଭାବନା ନେଇ
ଆଉ ପୁଣି ଲେଉଟେ ଦିନସାରା
ଅଜାଣତରେ ତମର
ଟିକେ ଟିକେ ହେଇ,
ତମ ଛାତିତଳ ଉଷୁମ ଚିଆଁର
ସରଳରୈଖିକ ଦୁକ୍-ଦୁକ୍ କୁ
ଅସ୍ତବ୍ୟସ୍ତ କରି, ଅଧା ହସରେ ହିଁ
ଅଟକେଇ ଦେଲା ଭଳି ଖାଲିପଣ ହେଇ।

ନା, ମୁଁ ସିଏ ନୁହଁ ଜମା ଯାହା ପାଇଁ...

# ସନ୍ଧ୍ୟା: ତିନୋଟି ଯୋଡ଼ି ହଉନଥିବା ଭଗ୍ନାଂଶ

(୧)

ସେଦିନର ସନ୍ଧ୍ୟା ଥିଲା ସବୁଦିନ ପରି,
ପକ୍ଷୀମାନେ ନୀଡ଼ ଅଭିମୁଖେ
ସେଦିନର
ପାଞ୍ଚଟା ବେଳର ମୁଖ୍ୟ ସମାଚାର
ଟିକିଏ ଡେରିରେ କିଚିରିମିଚିରି କରି
ଆସୁଥିଲେ ଫେରି,
ଆଉ ଆକାଶ ବି ଥିଲା
ଅଧା ସଫା ବାକି ଅଧା ବାଦଲରେ ଭରା,
ଠିକ୍ ଯେମିତି ଥିଲା ଗାଁରେ ଆମର
ଶୋଇବା ଘରର
କାନ୍ଥର ଫାଟକୁ ଲୁଚଉଥିବା
କ୍ୟାଲେଣ୍ଡର୍‌ର ସିନେରୀର ଆକାଶ।

କିଏ ସିଏ ଲୋକ ଜଣାନାହିଁ,
ଥିଲା ଥିଲା କୋଉଠୁ ଆସିଲା କେଜାଣି,
ଠିଆହେଇପଡ଼ିଲା ଛକରେ -
ଠିକ୍ ଯୋଉଠି ଗୋପବନ୍ଧୁଙ୍କ ଷ୍ଟାଚ୍ୟୁ ଅଛି,

ସେଇଠି, ସେଇଠି ଠିଆହେଲା ଆଉ
ଗୋଟେ ଚୁଙ୍ଗା ମାଇକ୍ ଧରି ଘୋଷଣା କଲା -
'ଆଜି ସନ୍ଧ୍ୟା ହବନାଇଁ!
ଏତଦ୍ ଦ୍ୱାରା ସମସ୍ତଙ୍କୁ ସୂଚିତ କରାହେଲା,
ନା ସମସ୍ତଙ୍କୁ ନୁହଁ, ଖାଲି
ମଣିଷମାନଙ୍କୁ...
ବାକୀ ଶଳେ...
ଖାଲି ମଣିଷମାନଙ୍କୁ ସୂଚିତ କରାହେଲା,
ଆଜି ସନ୍ଧ୍ୟା ହବନାଇଁ।'

(୨)

ତମେ କେତେବେଳେ ଘରକୁ ଫେର?
ସନ୍ଧ୍ୟାରେ? ସନ୍ଧ୍ୟା ପୂର୍ବରୁ? ସନ୍ଧ୍ୟା ପରେ?

ତମ ଫେରିବା ସହ ସନ୍ଧ୍ୟାର କିଛି
ସମ୍ପର୍କ ଥାଏ?
ଘରକୁ ଫେରିଲେ ସନ୍ଧ୍ୟା ହୁଏ
ନା ସନ୍ଧ୍ୟା ହୁଏ ବୋଲି ଘରକୁ ଫେର?
ନା କାଳେ ସନ୍ଧ୍ୟା ହେଇଯିବ ବୋଲି
ତମକୁ ବାଧ୍ୟ ହେଇ ଫେରିବାକୁ ହୁଏ?

କେବେ ଜାଣିପାରିଚ, ଯେବେ ଘରକୁ ପଶ ତମେ,
ନିଜ ସାଙ୍ଗରେ ସନ୍ଧ୍ୟାର ଗୋଟେ
ଭଗ୍ନାଂଶ ନେଇ ଆସ ବୋଲି?
ସାରାରାତି ତମ ଘର ଭିତରେ ସେଇ ସନ୍ଧ୍ୟା
ବୁଲେ, ଦି'ଗିଲାସ ଖଣ୍ଡେ ପାଣି ପିଏ, ଲୁଚେ,
ତମ ନିଷ୍ଠୁର ରାତିକୁ ସାମ୍ନା କରିବାର
ସାହସ ନଥାଏ ତା'ର...

ଛାଡ଼, ସନ୍ଧ୍ୟାକୁ ନେଇ କବିତା
ଭଳିଆ କିଛି ଗୋଟେ ଲେଖିଥିଲ
କଲେଜ୍ ଦିନରେ, ମନେ ପଡୁଚି ?
ରାତିସାରା ସନ୍ଧ୍ୟା ନିଜେ ସେଇ
କବିତାକୁ ଖୋଜେ
ତମ ବୁଢ଼ିଆଣୀ-ଜାଲଲଗା ସ୍ମୃତିର କୋଣ ସବୁରେ,
ତମେ ବିଲିବିଲେଇ ହୁଅ ନିଦରେ,
ରାତି ହସେ,
ସନ୍ଧ୍ୟା ଡରିଯାଏ,
ଲୁଚେ ।

ଆଛା ଗୋଟେ କଥା ସତ କୁହ,
ଆଜିକାଲି ସନ୍ଧ୍ୟାବେଳେ ତମେ ଥାଅ କୋଉଠି ?

(୩)

ହଠାତ୍ ଦିନେ ଦିନ ରହିଯାଏ, ସନ୍ଧ୍ୟା ହୁଏନାଇଁ,
ଆସିବାର କଥା ଦେଇ ଆସି ଯେ ନଥିଲା
ହଠାତ୍ ଦିନେ ଫେରିଆସେ ସିଏ,
ଫେରିଆସି କୋଉ ଗୋଟେ ଉପରବେଳାରେ
ହଠାତ୍ ଦିନେ ହାତ ଠାରେ କୋଉ ଗୋଟେ
ଦରମଳା ବରଗଛ ଛାଇ ଆଡ଼େ...

ମୁଁ ଜାଣେ
ତମେ ସେଇ ଲୋକ
ଯିଏ ଚୁପ୍‌ଚାପ୍ ଘରକୁ ଫେରେ
ସନ୍ଧ୍ୟା ହଉ କି ନହଉ ।
'ସନ୍ଧ୍ୟା କଣ ? କୋଉଠି ମିଳେ ?
ସନ୍ଧ୍ୟା କଣ ଗୋଟେ ଫଳର ନାଁ ?'

ଏମିତିକା ପ୍ରଶ୍ନ ସବୁ ପଚାରୁଥିବା
ତମକୁ ମୁଁ ଜାଣେ...

'ତୁମେ ମୋତେ ଭଲପାଅ... ଜାଣେ ଜାଣେ ଭାରି ଭଲପାଅ'
ଜାଣେନା ମୁଁ ଖାଲି
କୋଉଠି ଲୁଚାଅ ତମେ
ଚୁଙ୍ଗା ମାଇକ୍ ଆଉ ତମର ସେ ଛଦ୍ମବେଶ ।

# କେତେ ମୁଁ ଖୋଜିଲି

କାହାନ୍ତି ସେଇ ମଣିଷମାନେ
ଯେଉଁମାନଙ୍କ କାନ୍ଧ ଉପରେ ଥୁଆ ହବ
ଉପରୁ ଛିଡ଼ି ପଡୁଥିବା ଆକାଶ,
ଯେଉଁମାନେ ବାହାରିବେ ବନ୍ଧ ବାନ୍ଧି
ପ୍ରଳୟ ପୟୋଧି ଜଳକୁ ନଡରି,
ଯେଉଁମାନେ ଆଉଁସି ଦେବେ
ପୃଥିବୀର ଶେତା ପଡ଼ିଯାଇଥିବା ଗାଲ,
ଡାକ ସେଇ ମଣିଷମାନଙ୍କୁ।

ଡାକ ସେଇମାନଙ୍କୁ ଯେଉଁ ମଣିଷମାନେ
ଉଜାଗର ରହିବେ ରାତି ପରେ ରାତି
ପାଳି କରି
ଆଉ କାହା ଆଖିରେ ସ୍ୱପ୍ନ ଟିକେ
ବଞ୍ଚେଇ ରଖିବାକୁ,
ଗଲାସନ ଜୁଲାଇରେ କଟାହେଇଥିବା ଆମ୍ବଗଛକୁ
ଝୁରିଝୁରି ଉଡ଼ିଯାଇଥିବା କୋଇଲିକି
ଯେଉଁମାନେ କହିଦେବେ ଯାଇ,
'ଆ, ଫେରିଆ' ବୋଲି,
ଡାକ, ଡାକ ସେମାନଙ୍କୁ।

କୁହ ଯାଇ ସେମାନଙ୍କୁ
କେବେଠୁ ସରିଗଲାଣି ଶେଷ ଦୃଶ୍ୟ
ଆମ ସଭିଙ୍କୁ ଭଲ ଲାଗୁଥିବା ନାଟକର,
କୁହ ଯାଇ ସେମାନଙ୍କୁ
ଦେଖି ସାରିଲୁଣି ଆମେ ଅସଲ ରୂପ
ନାଟକର ନାୟକର,
ଉତୁରି ସାରିଲାଣି ରଙ୍ଗ, ଚକମକ ବେଶ,
ମାପଚୁପ ବରାବର ଦି'ଚାମଚ ହସ,
କୁହ ଯାଇ କୁହ ଯାଇ କୁହ ଯାଇ...

ଡାକ ସେଇ ମଣିଷମାନଙ୍କୁ ଯେଉଁମାନେ
ବତେଇ ପାରିବେ ବାଟ ଆମ ଘରକୁ,
ଯେଉଁମାନେ ଆଶ୍ୱାସନା ଦେବେ
ଘରଟି ଏବେ ବି ପୂରା ଜଳି ଯାଇନି ଆମର,
ଡାକ ଟିକେ ସେମାନଙ୍କୁ,
କୁଆଡ଼େ ରହିଲେ ସେମାନେ ?

କୁଆଡ଼େ ରହିଲେ ସେମାନେ
ଯେଉଁମାନଙ୍କ ପରି
କେବେ ଦିନେ
ଦିଶୁଥିଲେ
ଆମେ

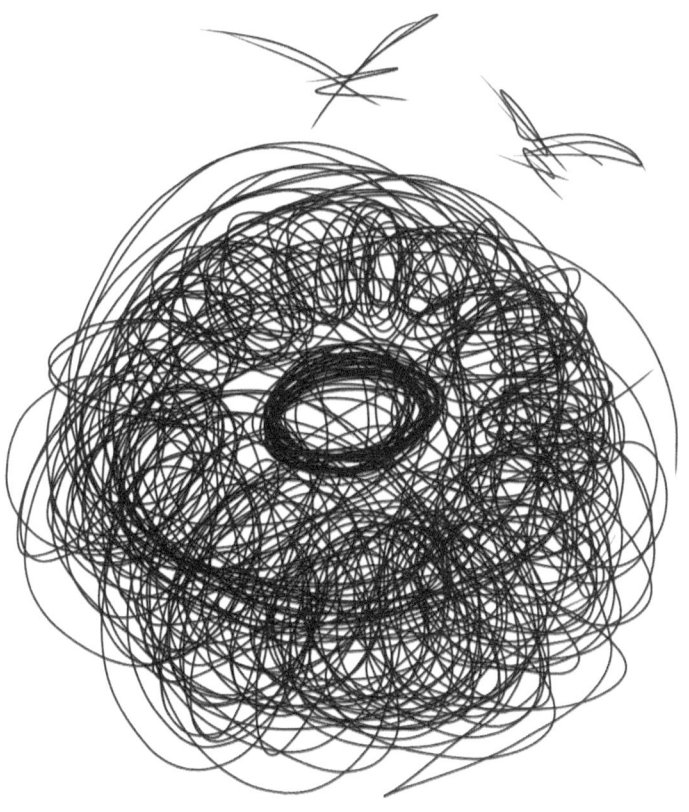

## ଏ କବିତା ନିଖିଳେଶ ଲେଖିନି

କବିତାରେ ଦିଶିନି ମୁଁ ବେଶ୍ କିଛି ଦିନ ହେଲା।

ଶେଷଥର ଦିଶିଥିଲି ଯେବେ
ଫେରୁଥିଲି ଘରକୁ, କେତେବେଳେ ଦିଲ୍ଲୀରୁ କି
ସୁରଟରୁ ଟ୍ରେନ୍‌ର ପାଇଖାନାରେ ଲୁଚି
ତ କେତେବେଳେ
ଟ୍ରକ୍ ଡାଲାରେ ମାଲ୍ ଭଳି ଲଦା ହୋଇ,
କେତେବେଳେ ଚାଲି ଚାଲି ପିଚୁରେ ତ
କେତେବେଳେ ସବାର ହୋଇ କଳା ପଲିଥିନ୍ ଗୁଡ଼ା
ମୋ ନିଜ କୋକେଇରେ।

ମତେ ସମୟ ଲାଗିବ ଟିକେ
ପହଞ୍ଚିବାକୁ ନିଜ ଘରେ।
ଛକ ଉପରେ ଦୟାବନ୍ତ ସରକାର
ଆମ ଉପରେ ଯେଉଁ ବିଶୋଧକ ବର୍ଷା କଲେ
ସମୟ ଲାଗିବ ସେତକ ଶୁଖିବାକୁ।
ପଞ୍ଚମ ଶ୍ରେଣୀକୁ ଯିବ ଏ ସନ ମୋ ଝିଅ,
କହୁଥିଲା, ସାନିଟାଇଜର କାଳେ କିରାସିନି ପରି !
କିଏ ଚାହିଁବ ଭଲା ତମେ ପଢୁଥିବା ଏ କବିତାରେ
ନିଆଁ ଲାଗିଯାଉ ବୋଲି !

ସେ ପୁଣି ମୋ ସାନିଟାଇଜର ମଖା
ମଳିଆ ଦେହଟା ସକାଶେ।

ଢେର କବିତା ଲେଖିଚ ତମେମାନେ ମୋ ଉପରେ,
ଶୁଣେଇଚ ପରସ୍ପରକୁ ଆସର-ଫାସର କରି,
ବାଃ-ବାଃ ବାଣ୍ଟିଚ ଭାରି
ନିଜ ନିଜ ଭିତରେ, ଭାଗ୍ୟ ଭଲ
ନିଆଁ-ଫିଆଁ ଲାଗିନାହିଁ କେବେ !

ନିଖିଳେଶର ଏ କବିତାରେ ଯେ ନିଆଁ ଥିଲା
ଏମିତି ବି ନୁହଁ। ଖାଲି ଯାହା ମିଛ ଦରଦ ଟିକେ,
ସେଇ ଦରଦର କାଉନ୍ଦା ଦିଆସିଲି ମାରି ମୋ ଦେହରେ
ଚେଷ୍ଟା କରୁଥିଲା ସିଏ ବାଃ-ବାଃ ଲୁଟିବାକୁ।
ଏ କବିତା ସେ କବିତା ନୁହଁ। ଏ କବିତା
ତା' କବିତା ନୁହଁ।
ଏ ମୋଟେ କବିତା ନୁହଁ।

ଏଠି ଛନ୍ଦ ନାହିଁ, ଲୟ ନାହିଁ,
କିଛି ବୋଲି କିଛି ନାହିଁ, ଖାଲି
ଏତିକି କଥା କହିବାକୁ ମୁଁ ବଦଳେଇ ଦେଇଚି ଏ କବିତା -
ମୁଁ ଚାହେଁନି ବଳକା ଜୀବନ ମୋର
ବଞ୍ଚିବାକୁ ତମ ଅପବାଦ ମୁଣ୍ଡରେ ମୁଣ୍ଡେଇ,
ଶଳାଟା ପଶିଗଲା କବିତାରେ ଯେ ନିଆଁ ଲାଗିଗଲା !
କାଲିକି ଯଦି ନିଆଁ ଲଗେଇବାର ହୁଏ କି
କବିତା ଲେଖିବାର ହୁଏ, ମୁଁ ନିଜେଇ କରିବି।

କରିବି ଯେତେବେଳେ, ଜାଣିବ ଦୁନିଆ।

## ହେଲା

ଜିଇଁବାକୁ ଥରେ ମନ କଲେ ହେଲା
ଆଖି ଓଦା ଥାଉ ହସିଦେଲେ ହେଲା

ଜଣେ ଲାଗେ ସିନା ଦୂରେ ଅଛି ବୋଲି
ଖାଲି ଦି'ପାଦ ପକେଇଲେ ହେଲା

କରିପାର ତମେ ପାପ ଥରେ ଅଧେ
ଖାଲି 'ପାପ' ବୋଲି ନ କହିଲେ ହେଲା

କଥା ଦେଲି ଭୁଲିଯିବି ସବୁ କଥା
ଖାଲି ଜୀବନଟା ଚାଲିଗଲେ ହେଲା

ଠିକଣାଟେ ସିନା ନାହିଁ ନିଖିଳର
ଖାଲି ଆ' ବୋଲି ଡାକିଦେଲେ ହେଲା

# ଯିବା ଚାଲ

ଆସ ! ଆଜି ଗୋଟେ ନୂଆ କଥା କରିବା ।

ବସାକୁ ଫେରୁଥିବା ଚଢ଼େଇମାନଙ୍କ ପାଇଁ
ଅପେକ୍ଷା କରିବା
ସହର ବାହାରେ ଏକମାତ୍ର ବରଗଛ ତଳେ,
ଗୀତ ପଦେ ଗାଇବା ସେମାନଙ୍କ ଥକି ଯାଇଥିବା
କୁନି କୁନି ଡେଣା ପାଇଁ,
ଆସ ।

କିଏ କହୁ ବା ନ କହୁ,
ଜୀବନଟା ଏମିତି ହିଁ, ଜାଣିରଖ ।
ଜାଣିରଖ, ବେଶୀ କିଛି ଫରକ ନାହିଁ
ତମ ମୋ ଭିତରେ କି
ହେଇ ସେଇ ଯୋଉ କୃଷ୍ଣଚୂଡ଼ା ଫୁଲଟା
ଖସିପଡୁଚି ପବନରେ ଏବେ ଗଛରୁ-
ଦେଖି ପାରୁଚ ତ ?
- ତା' ଭିତରେ ।
କ'ଣ ଦେଖିଲ ?
ଫୁଲର ଖସିପଡ଼ିବା ଦେଖନି, ତା'
ନାଳିକୁ ଦେଖ ।

କ'ଣ ଭାବୁଚ ?
ଭାବୁଚ ଆଚ୍ଛା ଲୋକ ହାବୁଡ଼ରେ ପଡ଼ିଲା ମଣିଷ,
ସବୁବେଳେ ପ୍ରବଚନ !
ଚାଲ ତାହେଲେ,
ସବୁ ପ୍ରବଚନ ସଭାର ପଛଧାଡ଼ିରେ ବସି
ଆଜି ଅକ୍ଷୟ ମହାନ୍ତିର ଗୀତ ଗାଇବା...
'ଫୁଲ ନେଲି... ଫୁଲ ନେଲି'

ଦେଖୁଚ କେତେ ଫୁଲ !
ଗୋଟେ କାମ କରିବା, ହେଲା,
ଆଜି ସେ ଚଢ଼େଇମାନଙ୍କ ପାଇଁ
କିଛି ଫୁଲ ନେଇଯିବା,
ନା, କିଣିକି ନୁହେଁ,
ତୋଳିକି ନୁହେଁ।
ଭାବ ଭାବ, କେମିତି ନେବା ଫୁଲ ?

ହେଇ ଆଉ ଗୋଟେ କୃଷ୍ଣଚୂଡ଼ା ଖସିଲା।
ଫୁଲ ଆଉ ଆମ ଭିତରେ ଫରକ କଣ ଜାଣ ?
ତାକୁ ଥିଓରୀ ଆସେନି ଜମା।
ତମେ ତ ଏ କବିତା ପରେ
ପଚାରିବ କି କ'ଣ,
ଫୁଲ ମେଟାଫର୍ ହିଁ କାହିଁକି ?
ଜାଣିରଖ, ଫୁଲକୁ ମେଟାଫର୍ ଭାବିଲେ
ନିଜେ ଫୁଟି ହୁଏନି ଆଉ।

ହେଲା ହେଲା, ମୁହଁ ଶୁଖାଅନି ଆଉ,
ଉଛୁର୍ ହେଲାଣି ବେଳ,
ସଅଳ ସଅଳ ବାହାରି ଯିବା ଆସ।
ବାଟରେ ଗୋଟେ ଫୁଲ ଗପ କହିବି,

ଏଥର ଖୁସି ତ ?
ଆଚ୍ଛା ତମେ ଜାଣିଚ କି ନାଇଁ,
ଗପ ସରିଗଲା ପରେ ବି
ଫୁଲଗଛମାନେ ମରନ୍ତି ନାଇଁ ବୋଲି ?

# କବିଟିଏ ମରିଗଲା ପରେ (୨)

"କବି ଯା କରେ ମୂର୍ଖକୁ ସ୍ତୁତି, ଏଥିରୁ ବଡ଼ ନାହିଁ ବିପତ୍ତି
ଏଥିକି ପ୍ରତି ଛାତିରେ କାତି ମାରିବା ଭଲ ହେ।"
(୧୬/୨୯, ରସକଲ୍ଲୋଳ, ଦୀନ କୃଷ୍ଣ ଦାସ)

କବି ବୋଲି ଯେଉଁ ମଣିଷଟି,
ସିଏ ଯେବେ ବିବେକକୁ ବିକିଦେଇ ଠିଆହୁଏ
ଘୃଣାର ପଟୁଆରରେ,
ଯେବେ କବିତାରେ ମିଛ ସାକ୍ଷୀ ଦିଏ
ଆଉ କୋଉ ମଣିଷ ନାଆଁରେ,
ଯେବେ ଜାଣି ଜାଣି ଚେଷ୍ଟା କରି ଭୁଲିଯାଏ ସିଏ
ମଣିଷର ଆର୍ତ୍ତ-ଚିତ୍କାରର ସ୍ୱର,
ମଣିଷର ମଟାଳ ଦେହର ମାଟି
ଆଉ ତାତି ମଣିଷର ଦୀର୍ଘ ନିଃଶ୍ୱାସର,
ଯେବେ ଦୁଆର ବାହାରୁ ତା'ର
ଫେରିଆସେ ନିଜର ବା ଆଉ କା'ର
ଅଧା-ଦେଖା ସ୍ୱପ୍ନ, ଅଧା-ଗଢ଼ା ବାସ୍ତବତା,
ସେତେବେଳେ ତା ନିଜ କବିତା
କାତି ମାରେ ଛାତିରେ ତା'ର।

କେହି ବୋଲି କେହି ଜାଣନ୍ତିନି,
ଜାଣିପାରନ୍ତିନି,

ହସୁଥାଏ କବି ବୋଲି ଯେଉଁ ମଣିଷଟି,
ଏଣେତେଣେ ବୁଲିଯାଉଥାଏ, ସଭାସମିତିରେ
ଟାଣ ଟାଣ ଶବ୍ଦ ଯୋଡ଼ି ବେଶ୍ କହୁଥାଏ
ଆକାଶ କୁସୁମ କଥା, କବିତାର କଥା,
ଏଣେ କିନ୍ତୁ ଭିତରେ ଭିତରେ
କବିତା ତା କାମ କରେ,
କରୁଥାଏ, ଭିତରେ ଭିତରେ
କବିର ଛାତିରୁ ରକ୍ତ ଝରୁଥାଏ।

ଝରିଚାଲେ ଝରିଚାଲେ ରକ୍ତ,
ହସିଚାଲେ ଗପିଚାଲେ ଲେଖିଚାଲେ
କବି ବୋଲି ଯେଉଁ ମଣିଷଟି,
ଗଡ଼ିଚାଲେ ଦିନ ପରେ ରାତି,
ହଠାତ୍ ଦିନେ ମିଳେ
ଜୀଅନ୍ତା ମଣିଷ ଭିତରୁ କବିର ଗଳନ୍ତା ଶବ,
ଏବଂ ଏହିପରି ଭାବେ
କବିଟିଏ ମରିଯାଏ।

କବିଟିଏ ମରିଗଲା ପରେ
କବିତା ଯେ ଖାଲି ବଞ୍ଚିରୁହେ ତା ନୁହେଁ,
କବିର ଦୂଷିତ ରକ୍ତରେ
ବେଶୀ ବେଶୀ ଚକ୍‌ଚକ୍, ବେଶୀ ବେଶୀ ଗାଢ଼ ହୁଏ।

ବେଶୀ ବେଶୀ ଫୁଲ ହେଇ ଫୁଟେ,
ବେଶୀ ବେଶୀ ଶସ୍ୟ ହେଇ ପବନରେ ଖେଳେ,
ବେଶୀ ବେଶୀ ନଈ ହେଇ ବହିଯାଏ
ସବୁ ସୀମା ସରହଦ ଟପି,
ବେଶୀ ବେଶୀ ଘର କରି ରହିଯାଏ
ଅସହାୟ କୋଉ ମଣିଷ ମନରେ,

ବେଶୀ ବେଶୀ ଫେରିଆସେ
କେବେ ଗର୍ଜନ ତ କେବେ ଗୀତଟିଏ ହୋଇ,
ସବୁବେଳେ,
ଦିନରାତି ହଉଥିବା ଯାଏ।
କବିର ଜିଇଁବା ମରିବା ସହ
କବିତାର କିଛି ସମ୍ପର୍କ ନଥାଏ।

## BLACK EAGLE BOOKS

www.blackeaglebooks.org
info@blackeaglebooks.org

Black Eagle Books, an independent publisher, was founded as a nonprofit organization in April, 2019. It is our mission to connect and engage the Indian diaspora and the world at large with the best of works of world literature published on a collaborative platform, with special emphasis on foregrounding Contemporary Classics and New Writing.

www.ingramcontent.com/pod-product-compliance
Lightning Source LLC
Chambersburg PA
CBHW030001110526
44587CB00012BA/1155
* 9 7 8 1 6 4 5 6 0 1 7 4 6 *